子供の「個別最適&
協働的な学び」を実現する！

令和の「生活・総合」授業実践レポート

文部科学省初等中等教育局主任視学官　　　教育ジャーナリスト

田村　学／監修　　　矢ノ浦勝之／著

日本生活科・総合的学習教育学会
第33回全国大会・新潟大会実行委員会／協力

JN039376

小学館

もくじ

田村学 & 金洋輔 特別対談

田村学
文部科学省初等中等教育局主任視学官

金洋輔
新潟市立有明台小学校教頭

令和の「生活・総合」に求められる「探究」とは？

探究的な学びのプロセスやその学びを子供たちの姿として捉える

田村 初めて「探究」という言葉が学習指導要領上に出てきたのは、平成20年改訂のことです。それから16年の時を経て、現在では、「探究」は教育課程上の重要な役割をもって位置付けられるだけでなく、社会的にも広く認知され、学校教育以外の分野でも数多く見られるようになってきています。

金 私は授業づくりの核として総合的な学習の時間（以下、総合学習）に取り組みながら、探究的な学びのプロセスや、そこでの学びを子供たちの姿として捉えていくことが、私たち教員にとってはとても分かりやすいものだと感じてきました。「探究」はプロセスで語ることが必要だし、そのプロセスが確かに子供たちの資質・能力を育むものでなければならないということは、私だけでなく、多くの現場教員の腹にすっと落ちたと思います。

私たち教師が子供の学びを創造する過程で、「探究」が言葉だけ一人歩きしている感覚にならずに済んだのは、子供の学びのプロセスを考えられたからだと思います。

田村 「探究」という言葉は、「物事の本質を探って見極めようとすること」というような意味であり、学習指導要領解説にもそう示してあります。しかし実際に全国の学校の先生方が「探究」を具体的な形にし、授業実践をしていくにはもう少しシャープなイメージが必要です。

そこで、学習指導要領解説では①課題の設定、②情報の収集、③整理・分析、④まとめ・表現というプロセスが、一定程度繰り返されていく下のような図を示し、探究の過程（プロセス）として明示したわけです。

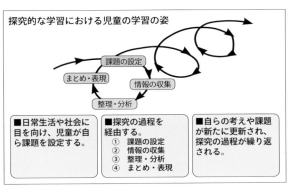

探究的な学習における児童の学習の姿

課題の設定
まとめ・表現　情報の収集
整理・分析

■日常生活や社会に目を向け、児童が自ら課題を設定する。

■探究の過程を経由する。
① 課題の設定
② 情報の収集
③ 整理・分析
④ まとめ・表現

■自らの考えや課題が新たに更新され、探究の過程が繰り返される。

　この探究のプロセスを明示するときに参考にしたのは、PISAの読解のプロセスです。なぜなら、この改訂の前にPISAの結果における読解力が非常に下がってしまい、「何とかしなければならない」という社会的背景があったからです[※1]。ですから、総合学習も学力に寄与することを明示する意味もあり、上の図を示したのです。もちろんPISA調査のためだけではないのですが、先生方に「探究」のイメージをもっていただくには、悪くないものだったと思います。
　この図は、4つのプロセスと同時に3重の円（螺旋）で描いていることも重要です。そこには連続するもの、その後にわたって続いていくものというイメージを込めており、限られた授業時間の中だけのものや一過性のものではなく、暮らしや生活に発展していくということが先生方に伝わっていれば、本来の「探究」の定義にもかなうものだと思います。
金　確かに学習指導要領の解説では、「物事の本質を自己との関わりで探り見極めようとする一連の知的営みのこと」と定義されていますね。私たち教員には、この定義

だけでは、自分の言葉に落として説明しきれないところがありました。そのときに、「探究」のプロセスが明示され、かつ3重の螺旋が示されることによって、イメージが湧きやすいし、言語化しやすいし、単元設計もしやすかったと思います。
　ただ、先の図が示されたときに、「あれが教師の教授プロセスだ」と考えていた人もおり、「それは違います。タイトルにあるように探究過程の子供の姿を考えて整理して、図に表したものなんです」と話し、共有していったことを覚えています。
田村　「そんなふうに（教師主導だと）誤解しないでください」と言っても、なかなか腑に落ちない人もいるのではないかと思います。子供が主体的に学ぶことのよさを体感してきた人にはすぐに理解されることでしょう。しかし、「教える側」「教えられる側」と分けて考えてきた人からすれば、「金先生、何を言っているんですか?」となるのではないでしょうか。
金　根底には子供観や授業観が色濃く関わっているのだと思いますが、そのような授業のイメージがもてないことが大きな要因だと思います。ですから、そのような先生と会ったときは、まず一緒に子供主体の授業を見て、具体的にイメージすることがファースト・ステップで、その後に一緒に授業をやってみて、そこから授業をふり返って子供の姿から省察してみるようなことをしていくのです。そのようなプロセスを踏まないと、なかなか腹に落ちないわけです。
田村　やはり、教師が変わるための大きな契機であり原動力となるのは、子供の姿ですよね。「子供たちがこんなふうに学べる」「力を発揮できる」と、リアルに体感したときに納得できるわけです。
　解説の話に戻ると、先の図が示され、図の下に「更なる問題の解決を…発展的に繰

※1　平成20年の改訂に先立つ2004年に発表された、2003年の第2回PISAの結果では、読解力が8位から14位へ、数学的リテラシーが1位から6位へと、3年前の第1回の結果から大きく順位を下げた。これによる学力低下への危機感はPISAショックとも呼ばれた。

り返していく」と、図を機能的に説明した文言があり、それらの次に「物事の本質を自己との関わりで探り見極めようとする一連の知的営み」という「探究」の定義に当たる文言があります。これは3段階ステップのようになっており、最初に図で分かりやすくして、それを言葉で説明し、さらに抽象的な言葉で整理する、といった構造になっています。具体的な図から、より抽象的な定義に向かって抽象度が上がっているわけです。

この「探究」に関する説明を整理する過程では、図を示すことに対して研究者の間から批判的な意見もありました。図を示すことで分かりやすくなるものの、表層的な理解や表面的な実践に陥り、形骸化しやすいという指摘です。確かにその危険性はありましたが、この改訂時には「探究」という文言だけで、先生方が授業に落とし込むことはむずかしいと考え、リスクは承知の上で図を示して説明をしています。

ですから、金先生のような方々がリスクを把握した上で、現場の仲間に説明してくれることが、その危険性に対するセーフティーネットになっていると思います。

金　そう価値付けていただけると嬉しいですね（笑）。

「探究」を実現している授業は明らかに子供の動きや言葉が違う

田村　金先生としては、「探究」のサイクルの図には一定の心配と同時に、価値と成果を感じているというお話でしたが、「探究」の難易度についてはどう感じていますか。高度だとか、要求の水準が高いと思う先生もいるのではないかと思いますが。

金　ごく一部には「私にはできなそう」というような言葉もあります。そういった人の言葉を聞くと、「学習には到達すべき目標や獲得すべき内容・コンテンツが明確に

あり、それを教師が子供に教えることが学習だ」という学習観が色濃いのです。

それがあると、「探究」の連続的に発展して終わりがないというイメージはそれまでの学習観とのズレがあまりに大きく、戸惑ったり不安になったりするのでしょう。

田村　そういう思いをもつ人でも、金先生の話のように実践を一緒に見て、子供の学びを共有し、理解し、納得することを積み重ねることで、一方的に教え、教えられるという関係だけではないことに気付き、徐々に子供自身が学ぶほうへと向かっていく手応えをもてる人もいるわけですよね。

金　やはり子供たちの姿は嘘をつきません。大事なことは子供たちがその姿で身をもって示してくれるのだと思います。「『探究』はむずかしい」と感じている先生でも、「探究」を実現している授業を一緒に見ていると、明らかに子供の動きや言葉が違うことはつぶさに分かるわけです。

田村　一方的に教え込んでいるときの子供と、自分の問いや課題を追究している探究過程の子供の姿は違うわけですよね。

金　明らかに違います。それがもし自分の担任している子供たちなら、なおさら顕著に分かるわけです。例えば、それまでの授業では活躍してこなかった子供の生き生きした姿が、「『探究』はむずかしい」と考えていた先生に強烈なインパクトを与えます。子供の姿は嘘をつきませんから、「どうしてこうなるんだろう？」から、「自分は今まで何をしてきたんだろう」と、そこで初めてベクトルの向きが変わり始めるのです。

田村　自分のそれまでの在り方を見つめ直すわけですね。そういう気付きがあると、その後のその先生の授業づくりや授業中の行為は変わっていくものですか？

金　そうですね。ただしベクトルに揺れが生じた後、その先生一人に任せてしまうと、また「やっぱりできない」となってしまう

※2　2024年6月22、23日に行われる日本生活科・総合学習教育学会第33回全国大会（新潟大会）に向け、2023年4月から月1回1年間、田村学先生を講師に迎えて行われた勉強会。幼保〜高校までの先生方が自ら取り組んでいる過程の実践を対話の俎上に上げ、より積極的な改善方法を

のです。しかし一緒になって、「じゃあ次の授業を一緒に考えてみましょうか？」とか「授業のこの部分にこんな工夫はできないでしょうか？」と関わっていくと、一気に潮目が変わっていきます。

田村　次に、それを自分自身で授業をやってみると、手応えがあって、それが授業観を変えるわけでね。

金　そうですね。取り組んだ結果が子供の姿であらわれるので、それが授業を行う教員にとっての最大のごほうびだと思います。

田村　そうすれば、病みつきになるわけですね。やはり、寄り添いながら伴走することが大事だと言えるわけですね。

金　講義形式の話を聞いて終わるのではなく、2023年度の春から行ってきた「新潟探究勉強会」のように、伸びていこうとする先生の伴走者となる人や場がとても重要なのだと思います ^(※2)。

田村　指導者の力量形成には、伴走し、サポートする先生の存在が重要であるとなると、従来型の研修の場や機会だけではなく、本来の先生同士の支え合いとか、関わり合いが基盤にないと、期待される方向には向かえないと言えそうですね。

金　そうですね。時間的にも余裕があり、同時に精神的にも気軽に、子供や授業について話し合える場が必要だと思います。

予測不可能な社会を生きる上で、「探究」が必要不可欠

田村　冒頭でも触れた通り、「探究」は社会的にも認知され、テレビ番組でも気軽に「探究」と銘打たれていて、「勝手に使わないでほしいな」と思うのですが…（笑）。

　冗談はともかく、平成20年の改訂前に、文部科学省の担当者と中央教育審議会の答申に「探究」という言葉を入れようと相談しました。それが「各教科での習得や活用と総合的な学習の時間を中心とした探究」

田村　学　文部科学省初等中等教育局主任視学官

（「平成20年中央教育審議会答申『生きる力』と資質・能力について」より抜粋）という文言として示してあり、それが学習指導要領に入っていくような仕組みになっているのです。結果的に、現在ではそれが社会的にも使われることで、学校現場の取組を後押ししてくれるところもあるかと思いますが、そのような世の中の動きを見ていて感じることはありますか？

金　過去には、学校は学校、社会は社会というところもあったと思います。しかし今は、社会で汎用的に使える力、子供たちの可能性を広げ、社会で幸せに生きるための力を学校教育が担っており、学校が社会とつながっているという実感があります。

　それが保護者にも理解されてきていることが多様なアンケート・データからも見て取れます。ごく身近な例では、本校のコミュニティ・スクールの協議会で「どんな子

参加者が語り合う過程を通して、教師自身が探究する学びの場であった。そうした探究の後、田村学先生が学習指導要領や解説、中央教育審議会の答申などにも触れながら学びを整理することで、より深い理解が得られたのもこの勉強会の特徴。

金　洋輔　新潟市立有明台小学校教頭、日本生活・総合学習教育学会第33回新潟大会研究部長

供たちを、どうやって育てるか」と議論したときに、核になるのが総合学習なのです。地域も育てたい力として、「他者と協働する力」「粘り強く問題解決する力」などを求めています。その育成は生活科・総合学習で…となるわけで、それは本校に限らず、多くの学校に広がってきていると感じます。

田村　保護者や地域の方も、「探究」という言葉は使われないかもしれませんが、「実社会に出たら、自分から物事に取り組むことが大事だね」とか、「正解のない時代になりそうだから、自分で最適解を見付けられる力が必要だね」と思っているはずです。それは、教育の言葉で言えば、「探究」という言葉であり、ちゃんと学校教育と社会がつながっているということですよね。

この「探究」というキーワードによって、学校の学びが社会にスムーズにつながると

いうことは、保護者や社会にとっても子供や教師にとっても大きな意味をもつのではないでしょうか。現実社会の問題について、友達と力を合わせて工夫しながら解決方法を模索し、実際に解決のための行動を起こすような「探究」が、社会に出ても役立つことは、誰の目にも明らかなことだと思います。ですから、学校という学びの場や学びの内容が、社会に開かれ、結び付いていくことを、子供にも分かりやすく伝えられるし、教師自身も実感し得るのが「探究」の重要な意義の一つだと思います。

金　背景としては、現行学習指導要領の改訂で示された資質・能力が大きいと思います。明確に、どんな力を育みたいのか示されているだけでなく、「自校ではこんな力を育みます」と社会に宣言することが求められているわけで、そこまで具体化されるとイメージが共有できるわけです。

田村　社会の変化から見て、「探究」をどう捉えていますか？　コロナ禍のようなものはシンボリックな例だと思いますが。

金　確かにコロナ禍では、大人も立ち止まって考えざるを得なかったわけですよね。正解があるわけではないけれども、先に進むことは必要で、だからこそ多様な他者と知恵を絞り、何のために何をするかデザインし続け、評価し続けるというのは「探究」そのものです。そういう意味では、子供たちも我々教員も保護者や社会の人々も、みんなが一度に同じ状況下で「探究」が、予測不可能な社会を生きる上で必要不可欠だと感じたのではないでしょうか。

田村　自分で考え、判断し、行動しなければならない状況に直面し、大人は右往左往してしまったわけです。多くの人がそれを実感したからこそ、社会全体が「『探究』は大事だ」という話になってきており、放っておいても共通理解が図られる状況になっていると言えるのでしょうかね。そうし

た理解が共有されないと次の一歩は出にくいものですが、幸か不幸かそうした状況が起こったということですよね。

ただ、仮にコロナ禍がなかったとしても、同様の状況は起きていたような気がします。生成ＡＩもそうですが、テクノロジーが急速に進化し、変化していく中では絶対の正解はないわけで、それが少し早く分かりやすい形で現れたという気もします。

総合学習では、学級間隔差、学校間格差、地域格差が出やすい

田村　テクノロジーの急速な進化によっても、「探究」の価値や重要性が社会に共有されてきましたが、それだけに一層「探究」の質が問われていると思います。

金　田村先生がよく話される高等学校の総合的な探究の時間（以下、総合探究）にある「探究」の高度化がポイントになると思います(資料１参照)。小学校から高校まで、発達段階を考えながら「探究」をデザインしていくとともに、そのデザインを基にして、すべての学校種の教員が、より質高くそれを実現することが求められるでしょう。

ある先生が担任すると、学校種を飛び越えるくらいの「探究」ができるけれども、隣のクラスでは状況が異なるということは往々にしてあります。ですから、縦の関係での質の整理と、それが横にも広がるような質的保障が大事な視点だと思います。

【資料１】高等学校学習指導要領解説　総合的な探究の時間編　p9より抜粋

一つは、探究の過程が高度化するということである。高度化とは、①探究において目的と解決の方法に矛盾がない（整合性）、②探究において適切に資質・能力を活用している（効果性）、③焦点化し深く掘り下げて探究している（鋭角性）、④幅広い可能性

を視野に入れながら探究している（広角性）などの姿で捉えることができる。

田村　確かに、学齢に応じて「探究」の質が高まることが望まれますが、現実には学級間、学校間、地域間による格差があり、それが他の教科学習以上に生じやすい可能性があります。それは教科学習とは異なり、一定の水準を担保するために定められた教科書や教材がないからです。

その構造的なリスクを減らす方法として、教科書を用意するなども考えられますが、それらの方法は、「探究」の本質を打ち消すように働く可能性が高い。だからこそリスクを承知の上で取り組むことが求められる分野ですし、先の金先生のお話のような教師同士が学ぶ仕組みが必要でしょう。

その意味では、「探究」のプロセスの質を上げる高度化と共に、総合探究の解説にある「自律」もポイントになるだろうと思います（資料２参照）。英語のautonomyとなる自律で、自分で自分のことをコントロールできるようになるということです。先生や仲間がいる中で「探究」することも大事ですが、本人の中に確かな形で根付き、一人でもできるようになってほしいのです。

この「ジリツ」という言葉ですが、小学校の生活科では「自立」としています[※3]。

こちらは英語のindependenceで、自分のことは自分でできるようにしようということです。そのような低学年における自立が、徐々に自分で自分をコントロールできるようになり、自分で目標を立てるとか、自分で協働する仲間を見付けるとか、自分で社会参画をしていくというような動きができるようになると、「探究」の質が高まり、社会にもつながっていくと思います。

【資料２】高等学校学習指導要領解説　総合的な探究の時間編　p9より抜粋

※３　生活科と総合学習の相違点や接続、さらに幼児教育との接続などについては、p89のＱ＆Ａをご参照ください。

もう一つは、探究が自律的に行われるということである。具体的には、①自分にとって関わりが深い課題になる（自己課題）、②探究の過程を見通しつつ、自分の力で進められる（運用）、③得られた知見を生かして社会に参画しようとする（社会参画）などの姿で捉えることができる。

生成ＡＩの進化は、「探究」にとって追い風になる

田村　今後、生成ＡＩなどが急速に進化し、人工知能が人間の代わりに多くのことをやってくれるようになると思いますが、これは「探究」にとって追い風になると私は考えています。生成ＡＩはさらに進化し、かなりのことをジェネラルに判断できるようなＡＧＩ（汎用人工知能）にまで進化し、人間をサポートしてくれる重要なパートナーになっていくことは間違いないでしょう。

　しかし生成ＡＩやＡＧＩが動き出すためには、まず人間が問いを投げることが必要です。その意味では、人間がより良い問いや課題を設定する力が今以上に求められるようになると思います。加えて、生成ＡＩが答えを出したときに、その答えが本当に適正なのか、人間が判断しなければなりません。生成ＡＩは一見理論的に正しい答えを出しますが、それが感覚的におかしい、違和感があるというように、肌感覚も含めて判断できる力が今まで以上に求められます。

　つまり自分で問いを立てて投げかける力、何らかの成果物が適正かどうかを判断する力、さらには自分なりに行動する力が、際立って求められるようになると思います。このような力を育むために、「探究」がこれまで以上に必要だと考えるのです。

　その「探究」の過程で育まれるべき資質・能力は今後、より明確にされていくだろう

と思いますが、それらは具体的に何で、特に何が重要なのかは金先生の世代が考えていくことでしょう。「探究」の基礎は私たちの世代が考えたので（笑）。

金　大きな宿題をいただきましたね（笑）。

田村　社会が変化して、テクノロジーが進化し、そこに介在するメディアが変わる一方で、人間の能力は基本的にはあまり変わらないのだと思います。しかし周辺状況が変わり、メディアが変わることで人間のも

つ能力の中の、どの能力が重要になるのかは変わると思います。それを見極めながら、「探究」を考え続けることが必要です。

金　現在、新潟市では生成ＡＩも一定条件のもとで校長や保護者の許可があれば、子供も教員も使えます。その活用例として、例えば地域の商店街活性化のような課題に取り組む単元をイメージすると、子供たちが存分に商店街のよさについて諸感覚を通して学び、それを地域に伝えるときに「分かりやすいキャッチコピーとイラストで伝えたい」というような活動が考えられます。

　そのときに、生成ＡＩに問いを投げてアイデアをもらうようなことは、ごく近々に

起こることでしょう。生成ＡＩは瞬時にいくつかの候補を挙げると思いますが、その中には子供が見て、「んっ？」と首を傾げるものもあると思います。それは、自分が存分に体験し、諸感覚を通して得た商店街の魅力と抽象化されたワードとの間に、ズレが感じられるからです。「あのとき私が感じた感覚はこの言葉ではない」と批判的に見たり、納得いくものが何もなければ、さらに問いを投げて対話し、自分の感覚に

合致するものを導き出したりするようなことは、すでに実践として行われているかもしれません。

　そういう形で生成ＡＩが入ってきたときに子供が発揮している力は、情報を批判的に見るとか、自分の体験を基に判断するといった力ではないかと思います。

田村　「探究」における生成ＡＩの活用において重要なことは、常に主体になる（コントロールする）のは自分（人間）であるということです。今後「探究」は、社会を創造する主体は自分（人間）なのだということを獲得する場として、圧倒的なポジショニングを得ていくことでしょう。

　これまで教育界では多様なはやり言葉があり、短期間で使われなくなっていったものも少なくありません。しかし、本当に本質的なものは使われるに従って、その意味や価値が明確になっていくものだと思いますし、「探究」とはそういうものだと思うのです。「探究」という言葉を超える本質を突いた言葉は、そう簡単には現れないのではないかと思っています。

教科でわざわざ「探究」を位置付けなくてもよい

田村　高校では、教科においても理数探究とか歴史探究というような科目が出てきましたが、本家本元の「探究」に関わってきた人として、金先生はそうしたことが気になりませんか？

金　先の田村先生のお話のように「探究」が本質的なものであれば、当然、すべての教科に共通している大事なことだということだと思います。学ぶ内容に違いはありますが、子供の学びという視点で言えば、みんな同じなのだと捉えています。

田村　学校での学習時間に限りがありますから、教科でも総合学習（総合探究）でも「探究」する方法もあれば、教科ではあまり行わず、総合学習で「探究」する方法もあるわけですが、そこはどちらがよいと思いますか？

金　それはもちろん、迷いなく後者です。

田村　それはどうして？

金　総合学習で「探究」するとき、必ずと言っていいほど教科の力は使われます。教科でわざわざ「探究」を位置付けなくても、総合学習の中で算数の学びや社会科の学びが生きて働くことは、授業を行う者として容易に実感できます。国語に至っては、「探究」との親和性が非常に高く、低学年においても探究過程で使わないことはあり得ないわけです。ですから、有限な時間の中で

は後者の教育課程を組んだほうが、子供の育ちにとって意味があると思います。

田村　なるほど。学校においてある程度、役割分担が明確であるほうがそうした関係が生じやすいし、教科の価値もかえって見えてくるということですね。

金　算数なら算数、社会科なら社会科で育まれた力が教科の中に閉じずに、総合学習の「探究」の場でよりよく生きて働くということですよね。

田村　そうすると総合学習が入ってきたことによって、カリキュラム全体を俯瞰して教育に携わることが求められるわけです。教科の専門性も大事ですが、カリキュラム全体を俯瞰して見る力の必要性が、「探究」が入ってくることによって、より明確に見えてきたところもあると感じています。

金　その通りだと思います。教科を学び、文化を継承することは重要ですが、社会の変化が激しい状況では、それだけでは子供たちは幸せに生きていけません。だからこそ「探究」を通じて、社会の中で生きて働く力を身に付けさせる。その両方が大事なのだと思います。

田村　教師力として、教科の専門性と教育課程全体を俯瞰しデザインする力というものがあったとき、昔は教科の専門性が求められたわけです。それは今後も大事な力ですが、それに加えて教育課程全体を見て両者の関係を考えたり、教育課程をデザインしたりする力が重要だということですね。
　金先生ご自身は市内の学校に講師として招かれるときに、そのような「教育課程を俯瞰し、分析する力が自分の強みだ」と感じたことはありますか？

金　自分の強みかどうかは別として、各学校は教育課程を従来よりも真剣に考えていると感じています。明確に自校で育みたい資質・能力を定め、それをどのように育成するか考え、教育課程を編成することの意味や必要性を感じています。少なくとも管理職はそれがよく分かっており、教職員と一体となって勉強し、話し合いながらつくり上げていこうとしているのです。

田村　そういうときに助言を求められるということですね。

金　そうですね。学習指導要領改訂の移行期にそうしたニーズが多く、それが最初の波でした。最近はコミュニティ・スクールやGIGAスクールなど、環境が変わってきたので、改めて見直しを図ろうということで、また波が来ているような状況です。

田村　そう考えると、「新潟探究勉強会」として2023年の春から1年間、私たちがやってきた学びは、これまで多く行われてきた、教科の授業づくりの指導法改善に類する話だけに限定されていなかったと思うのです。もっと広い視野で（学校種も超えて）対話をしてきたわけですが、それを通して実感することはありますか。

金　勉強会では、ある教科の話では語れない話がたくさんあって、「子供にどういう力を付けていけばよいの」とか「それを支える教師の役割はどうするの」という広い視野で対話をしてきました。「学校で付けたい力、あるいは学年で付けたい力をどのように付けますか？」と考えるため、どうしてもカリキュラム全体を俯瞰して見なければならないと実感することになります。それは参加者の言葉にも表れていて、「デザインしなければいけない」とか「資質・能力が」とか「子供の姿を見とって」というのがよく出てくる言葉です。

田村　「新潟探究勉強会」でも「構想する力」という言葉が出ていましたよね。構想には、単位時間も単元もあれば、教科の1年間もカリキュラム全体の構想もあるわけです。この勉強会を始めるに当たっては、教育課程の編成力までも育みたいという思惑はあったのですか？

金　いえ、そこまで最初からイメージしていたわけではありません。校種をまたぐことは当初から考えており、小学校の生活科と総合学習を考え、中学校の総合学習、高校の総合探究、幼稚園も考え…となったため、参加者は縦で考えざるを得なくなる環境が生まれたのだと思います。そのために、教育課程を広く、長く、あるいは深く見ていく学びが生まれたのだと思います。

「探究」を言語化し、類型化して、整理する「新潟探究勉強会」

田村　これまでの勉強会を通して、自分自身の変容を感じることはありますか。

金　これまで個人的に学んできた過程で何となく分かっていたものを基に、勉強会の場で言語化して対話して学び、それを田村先生が類型化し、整理してくださる。それによって腹に落ちることが繰り返し起こることで、何となく感覚的に分かっていたことが、次第に言語化され、整理されて自分の言葉になってきていると感じます。

田村　勉強会では、参加者の先生方の話し方がロジカルで分かりやすいし、1個1個の言葉がとても印象的でした。それは、こ

れまでの継続の中で使ってきた言葉が使いこなせているという感じですよね。

金　確かにそうだと思います。

田村　主催者や参加者の先生方は今後、授業研究会の場に指導者として招かれることも多くなることでしょう。多分、このような勉強会に類する場を積み重ねることで、さらに言葉も洗練され、伝わりやすい言葉がチョイスできるようになるだろうと思います。そのことにより、これまでの授業中では感じ得なかったことまで、発見できるようになってくるのではないかと思います。

　金先生をはじめ、指導者としての立場になっていく先生も多いと思いますが、そのときに聞いている人たちの心に響き、納得させるような視点や言葉をもった指導者への熟達の道をたどっていると思っています。

金　田村先生、育てていただいてありがとうございます（笑）。

田村　いやいや、私が育てているのではなく、環境というか、この探究勉強会という学びの場がつくられたことが大きいのだと思います。こうした学びの先にある実践を、6月の全国大会でより多くの先生方に見ていただければ嬉しく思います。

じぶんでできるよ
──家族しあわせ大作戦──

授業者　新潟大学附属新潟小学校　**大図俊哉** 教諭

■ 単元の構想

❶ 単元目標（子供の姿）

　家族と自分との結び付きに気付き、家族や自分にとってのよりよい活動を見いだす子供。

❷ 育成する資質・能力

【知識及び技能】
- 家族には役割があり、家庭での生活は互いに支え合っていることについての気付き。また、家族のために自分ができることについての気付き。

【思考力・判断力・表現力等】
- 家族のために自分ができることを家族の状況や経験を基に考えたり、必要なことを見付けたりする力。

【学びに向かう力、人間性等】
- 家庭での生活において、自分の役割を果たしたり、進んで家族のための活動をよりよくしようとしたりする態度。

❸ 単元構想過程

　生活科の他の単元と異なり、「家族」の単元は活動の場が学校ではなく家庭であるため、学校では活動をまとめたり友達に伝えたりする表現活動を主に行うことになります。この単元を始めるに当たっては、いかにスムーズに学習に入るかに配慮したと大図教諭は話します。

　「他の教科の学習の場合もそうですが、私は『今日からこんな学習をします』と突然言って、単元を始めるようなことが好きではないのです。ですから、この単元に入るに当たっては、日々子供たちが私に話してくれる家庭の様子などを大事にして、自然にこの単元につなげていくようにしています。

その上で、この単元では子供たちの家庭のパーソナルな内容にも入っていくため、単元の最初に、『一人一人違うように、家庭がそれぞれ違うことを認め合っていくことは大事だね』というような話をしています。加えて、単元が始まる1週間ほど前には、子供たちが家庭へのお手紙だとは気付かないように、各家庭にお手紙を書き、事前に取組を説明して理解と協力をいただくようにしています。

　その上で、この単元では最初の5時間目くらいまでは、日頃の家の中で自分が何をしているかといったことを見直してみます。すると自分のことは分かるけど、意外に家族の様子は知らないことが分かってきます。そこで、家族にインタビューしてみると、家の人は大変な思いをしていたり、自分たちのためにがんばってくれていたりすることに気付き、その思いを基にして活動をスタートしました」

　さらに学校で主に行う表現やふり返りを、いかに次の活動に生かすかを大事に単元を構想したと大図教諭は話します。

「やはりむずかしいのは学校で活動ができないことです。学校で表現し、交流することが見直しの契機となり、家に帰ってさらに作戦をブラッシュアップし、次の作戦につなげてほしいと思って単元を構成しています。友達同士で発表し合ったり、二重丸や花丸などの自己評価を友達と交流することを単元を通して繰り返したりする中で、改善につなげていってほしいのです。特に自己評価については、ある子にとっては花丸になることが、別の子にとっては丸や三角になるというように、人と異なることに気付いていくことも大事なことだと考えます。活動している子供自身も家庭の状況も違いますから、互いの活動を伝え合いながら、その一人一人の違いを認め合っていってほしいです」

各家庭で取り組んだ「家族しあわせ大作戦」を班で伝え合い（写真右）、それを終えると、自由にクラスの友達と交流する（写真左）。

〈大図教諭による作成資料〉

5 指導計画 全12時間予定

時	学習活動	子供の姿	☆評価する対象
1 2	○家の中の自分や家族の行動を想起する。 ○家族の行動をインタビューする計画を立てる。	◎家の中では自分や家族はどんなことをしているのかな。 ・分からないことは聞いてみよう。 ・家族のみんなはとても忙しそうだよ。 ・どんなこと聞いてこようかな。	☆活動、記述 ・家庭生活について進んで調べている。
3 4 5	○家庭生活について調べたことを共有する。 ○「家族しあわせ大作戦」の活動を学級全体で始める。 ○「家族しあわせ大作戦」で自分ができること、自分がしたいことを考える。	◎家族について調べたことを発表しよう。 ・僕の家族は、朝の時間が特に大変だって言っていたよ。 ・家族のためにできることをしよう。名前は「家族しあわせ大作戦」にしよう。 ・僕は感謝のプレゼントをしたい。 ・私はお手伝いをしよう。ちょっとでも家族が楽になるといいから。	☆発話、記述 ・家族のために、活動をする思いをもち、自分ができることを考えている。
6	○家庭で行った活動を学級で報告し合う。 （自己評価を4段階で報告する）	◎「第1回 家族しあわせ大作戦 報告会」を開こう。 ・私は、洗濯物を干しました。ちょっと手伝ってもらったけど、自分でできたから○でした。 ・この作戦まだ続けたいな。	☆活動、記述 ・自分の活動のよさに気付いたり、次の活動に意欲を高めたりしている。
7	○家庭での活動の際に、工夫できることを考える。	◎次の作戦をするときに、どんな工夫ができるかな。 ・私はこの前、洗濯物を干したんだけど、しわにならないように干したり、落ちないように洗濯バサミで二箇所挟んだりしたよ。	☆発話、記述。 ・家庭での状況を考えて、工夫できそうなことを考えている。
8	○家庭で行った活動を学級で報告し合う。 （自己評価を4段階で報告する） ○次の活動に向けて自分がしたいことをする。	◎「第2回 家族しあわせ大作戦 報告会」をして、みんなの作戦をもっと知ろう。 ・友達は、台拭きをするときに両手で力強く拭くっていう工夫をしていました。私の家族も気持ちよく過ごせるように、それを真似してやってみようと思います。次には「自分でする系」の作戦はあまりやっていなかったので、次の作戦でやります。早く次の報告会がしたいです。	☆活動、記述 ・自他の活動のよさや頑張ってきた自分に気付き、次の活動に向けて必要なことを考えて取り組んでいる。
9 ～ 11	○必要に応じて報告会を繰り返す。	◎「家族しあわせ大作戦 報告会」をして、作戦をレベルアップさせよう。	
12 予定	○これまでの活動とそこで気付いたこと等を学級で報告し合う。	◎これまでの活動で家族や自分はどのようになったのだろう。 ・自分たちが頑張って、家族はとっても喜んでいたよ。僕たちも、家族に応援されて長い間続けて頑張った。 ・これで終わりでいいのかな。まだ2年生になっても続けたいな。	☆記述、発話 ・これまでの活動を振り返り、家族や自分の変容に気付き、家庭生活をよりよくし続けたいと思いをもっている。

■単元の流れ

1〜2時

　家の中での自分の行動や、家族の行動を想起することから単元をスタート。子供たちが個々の姿について発表していく中で、自分のことは分かるけれども、意外に自分以外の家族の行動について知らないことに気付いていきます。そこで、実際にどのような行動をとっているのか、家族にインタビューをすることで、みんなそれぞれ役割があり、忙しく過ごしていることに気付いていきます。

3〜5時

　前時までの学習過程で家族について調べたことを互いに発表し合っていきます。その中で例えば、朝の時間や夕食前など、自分以外の家族が大変忙しくしていることを共有していきます。そこから「家族のために何かしたい」という思いを基に、「家族しあわせ大作戦」を行っていくことを決定。それぞれがプレゼントやお手伝いなど、家族のためにできることを考えていき、実際に各家庭で実践します。

6〜8時 （後出の授業実践レポートは8時）

　実際に各家庭で行った「家族しあわせ大作戦」の第1回報告会を開催。洗濯や料理など、それぞれの家庭での実施や家族の反応を報告し合い、「家族のためにまた続けたい」という思いをもちます。そこで、さらに工夫できることを考えていき、「大作戦」を継続します。その結果を報告し合う「第2回　家族しあわせ大作戦　報告会」が本時です。計画では、お手伝いの工夫などに限らず、家族との関係を改めて捉え直したり、自分のことを自分でできることも大切なことだと気付いたりするところまでをねらっています。

9〜11時

　2回目の報告会の中での気付きを生かし、さらに各家庭での「大作戦」を継続していきます。ここでは、作戦の質的向上（してあげるお手伝いの工夫だけでなく、自分のことは自分ですることも大事だということなど）を図って活動を続けつつ、必要に応じて報告会を繰り返していきます。

12時

　これまでの「家族しあわせ大作戦」とその報告会を通して、自分の家族や自分はどのように変わってきたかをふり返り、報告を行います。その中で、ただ自分ががんばっただけでなく、家族の応援があったから続けられたことや、まだまだ続けていきたいといった思いをもっていくような姿を期待しています。

子供が体験と表現を繰り返す中で、学習が自然に高まるようにしたい

　子供たちは各家庭で「家族しあわせ大作戦」を継続してきており、前々時に第1回報告会を行って実践状況を共有するとともに、改善点を出し合い、さらに実践を続けてきました。トータル約2週間にわたって活動を続け、第2回の報告会となるのが本時です。大図教諭はこの授業の大きなねらいを次のように話します。

「この授業では作戦をブラッシュアップし、次の作戦につなげていくことをねらっています。 ※1 そのために自身の作戦を、写真や動画を使いながら説明し、自己評価もしながら友達と交流することを繰り返す中で、改善につなげていってほしいのです」

「家族しあわせ大作戦」の第2回報告会

大図教諭（以下、 T ） はい、よろしくお願いします。第2回報告会、やってきました！
（拍手する大図教諭。子供たちも全員一緒に笑顔で拍手します。そこから子供たちと話し、10分の間に班で発表し合い、終わった班の子供はフリーで交流することを決定。全員で今日の学習のねらいを読んで確認してから交流活動に入ることにします）

子供（以下、 C ）全員　第2回、家族幸せ大作戦。報告会をして、みんなの考えをもっと知ろう！　プラス進化させよう！

T 　質問のある人？（挙手などなし）　どうぞ、始めていいよ。横並び班にしようか。
　（互いのタブレット端末が見やすいよう机を横並びに並べる子供たち。机がそろったら、3、4人の班で順番に自分自身が家庭でお手伝いしたことなどを発表していきます）

C 　「私はゴミを…」「料理に挑戦して…」（各班から自分の取組を紹介していく子供たちの声。大図教諭は机間を回りながら、各グループの後ろでひとしきり話を聞いてから、中に入って口を開く） ※2

T 　いい言葉、使っているね。チャレンジしたんだね。
　（また別の班では厳しい自己評価をする子供に声をかけます）

T 　Aさんは自分に厳しいんだね。後でそれを発表してよ。
　（だんだんと班での発表を終えて、フリーで伝え合う子供たちが出てきます。しばらくして、ピピピピピと10分を知らせるタイマー音）

T 　10分と言っていた時間が経ちましたが、班の中でまだ終わっていない人？
　（数名の手が挙がったため、班の交流時間を2分追加します）

幸せポイントは三角、丸、二重丸、花丸の4段階

T 　はい1回座ろう。みんな1回座ってくれますか。途中の人はごめんね。先生は困ってます。

C 数名　えっ？

●本文中の「＊数字」は各実践例末尾のコラムをご参照ください。
📖とは「個別最適な学び」、🤝とは「協働的な学び」を象徴する場面であることを指します。

Ⓣ　本当はみんなが報告している間に、みんなのを書いていこうと思っていたんだけど、報告をいっぱいいっぱい見すぎて、書けなかったんだけど、教えてくれる人はいますか？

Ⓒ1　はい！

Ⓣ　ではC1さん。

（教室前方まで出てきて、教室の友達に向かって大きな声で発表するC1さん。画面には自分が料理をしていった過程の写真や料理を持った姿が映されていきます）

Ⓒ1　最初は手を切っちゃったけど、次の土曜日のときはちゃんとスラスラいって、手を切らずにできて、ちゃんと最後に完成もできたし、おいしくなってみんなも喜んでいた。

Ⓒ多数　おおおお～っ。（教室全体から拍手）

Ⓒ　「味見した？」「味は？」

Ⓣ　C1さん、幸せポイント（自己評価を指す）はどれにしたの？

Ⓒ1　これは花丸！　ゆっくり混ぜて、ちゃんとおいしくできた。

Ⓣ　C1さん。じゃあ相互指名で行こうか。

Ⓒ1　じゃあ、C2さん。

Ⓒ2　私は大掃除をしたんだけど、最初、きれいにならない所があって…きれいになったけど…ちょっとお父さんに上のほうを手伝ってもらったから、二重丸。

Ⓣ　手伝ってもらったから、二重丸なんだね。なるほど。

Ⓒ2　自分に厳しいの！　え～っと、じゃあC3さん。（以下、相互指名省略）

Ⓣ　最初に幸せポイントを言ってくれたら、助かるな。C3さん。

Ⓒ3　えっと、ヨーグルトを入れて…。

Ⓣ　幸せポイントはどれか教えてくれる？

Ⓒ3　あっ、花丸。えっと、ママがヨーグルトを作って…お父さんが大変そうだったから、僕が代わりにやった。（ヨーグルトをお皿に盛る画像が映し出されます）

Ⓒ　「何を？」「何？」

Ⓒ3　ヨーグルトを入れた。

Ⓣ　作るのはママで、入れるのはお父さんが大変そうだからC3さんが入れたってこと？

まず班で互いの「家族しあわせ大作戦」を発表し合う子供たち。

Ⓒ3　うん。

（次に指名されたC4さん、話し始める前に、タブレット端末内にある写真などを電子黒板に写します。ゴミを入れた袋を持って、ゴミ集積ボックスに向かっています）

Ⓒ　「ああ、見た、見た」「さっき見たやつだ」（先にフリーで伝え合った子供たち）

Ⓒ4　えっと、私はゴミ捨てをしました。

Ⓒ　「幸せポイント」「幸せポ

イントは？」

C4 二重丸。

T ほ～、二重丸。何でだろうか？

C4 ゴミ収集車が来る時間になりそうだったから。

C 「じゃあ、ギリギリだったってこと？」「ギリギリ？」

C4 ギリギリセーフ。

C5 質問！　どんなところが大変だった？

T C5さんは、どうしてC4さんは大変だと思ったの？

C5 （ゴミが）重そう（な映像）だったから。

C 「車に轢かれるかもしれないよ」（自分も大変そうに見えたと複数のつぶやき）

C6 私は、洗濯機の中にあったゴミとかを掃除した。

C 「大変だった？」「幸せポイントは？」

C6 幸せポイントは二重丸。

C複数 「どうして二重丸？」「隙間とか大変だったでしょ？」

C6 隙間とか大変だったんだけど、最後までちゃんとできなかったから。

C 「いつ、やったの？」

C6 寝る前。

T 寝る前？　寝る前に！

C7 質問！　質問！

C6 C7さん。

C7 どんなふうに、お母さんたちに喜んでもらうようにしたの？

C6 なるべく隙間とか、あんまり見ない所もきれいに掃除をしたの。

C複数 「ああ～」「隙間ね」

T C6さん、それやったこと、お母さんに言った？

C6 気付いた。それで「ありがとう」って言ってた。

T その「ありがとう」の言葉をもらって、C6さんはどうだったのかな？

C6 やってよかったって。

C7 この前に風呂掃除もやったけど、風呂掃除は長くてミラーリングできなかったから…それで、お風呂沸かしは（ボタン操作が）むずかしかったけど、（ボタンを）押すだけだったから、ちょっと簡単なところもあった。

C 「幸せポイントは？」「どんなところが簡単だった？」

C7 ボタンを押せばいいから。

C 「幸せポイントは？」

C7 ボタンを押すのは三角で、お風呂掃除

まず子供の対話にじっくり耳を傾け、
文脈を理解してから介入する大図教諭。

は二重丸。

C 「三角？」「どうして三角なの？」

C7 いつも、やっててね、ボタンをたまに間違えることがあったから。だから三角。

C 「ああ〜」「自分に厳しい」

T 先生さ、今のC7さんの話を聞いていて、幸せポイントを三角、丸、二重丸のどの辺に付ければいいか、分からなかったんだけど？

C7 ここ。ちょうど真ん中くらい？（丸と二重丸の間を指します）

自分の取組の写真や動画を自在に表示しながら説明する子供たち。

T ありがとう。今回はボタンを間違わずにできたんだね。いや〜、まだまだ全員に聞いていきたいところなんですけど、ちょっと時間もないんで…C8さんから聞いたんだけど…洗濯物たたみをやって花丸にしたんだよね。何で花丸だったんだっけ？

C8 ゴミが付かないように…たたんで…ゴミを付けないように…。

C8班のC たたんだときに、床のゴミを付けない。

T たたんだときに、床のゴミを付けないようにたたんだってことだよね。

C8 はい。（うなずく）

C8班のC ミラーリングを見せてあげて。

T C8さん、お家の人からコメントをもらっていたよね。ミラーリングできる？
（うなずいて、家人からの評価コメントを電子黒板に映し出すC8さん）

C多数 「おてつだいをしてくれて、たすかりました。『やろうか？』とこえをかけてくれたり、『あとできることがあるかな？』と、じぶんでかぞくのことをかんがえてうごいてくれたりしたところがよかったなとおもいました」

T C8さん、このメッセージをもらってどう？

C8 嬉しい。

「家族がいたから」「家族がいないと…」

T みなさん、（家での活動を）2週間くらい続けてきて、この報告会が2回目でさ、今、聞いた人たちだけでも、二重丸とか花丸が多いよね。これ、ただやっただけじゃなくてさ。

C 「工夫」「工夫した」

T そう、工夫をしたりして、みんなでずっとがんばってきたじゃない。

C 「うん」「はい」

T すごいと思う。本当に。だけど、先生が考えてもどうしても分からないことがあるから、みんなに聞きたいことがあるんだ。

C複数 「何？」

T こんなにみんな、がんばってきたじゃない。工夫もしてやってきたじゃない。こんなにがんばれた自分になれたのはどうして？＊3

年 生活

C9 こんな授業をやったから。

T こんな授業をやったから。

C10 先生たちが言ってくれたから。

T 先生たちが言ってくれたの?

C11 お母さんたちが毎日してたから、お礼をしたくてやった。

C複数 「お母さんたちが…」「お母さんたちが…」

T 「こんな自分になれたのはなぜ?」と聞いたら、最初は「授業をしたから」って言ってましたね。他に何て言ってたっけ? (改めて聞き直して板書を整理)

C11 お母さんたちがしてたから、自分もお礼をしようと思ってやった。

T お母さんたちがしてたから…他には?

C12 はい! 家族が幸せになってほしかったから。

次の大作戦をどうしていくか考え、文章で整理していく子供。

T 家族が幸せになってほしかったから、こういうがんばれる自分になれたの?

C13 家族がいたから。

T 今、何って言ったか、聞こえた人いる?

C多数 「家族がいたから」「家族がいないと」「家族がいないと…」

T 分からないことがあります。家族がいたからって、どういうことですか? C13さんの気持ちが分かって、つなげて話せる人いますか?

C14 家族がいないと、こんないいことはできないし、家族がいっぱいがんばれることを増やしてくれたから、そうなれた。

T がんばれることを?

C複数 「増やしてくれた」

C15 家族がもう1回、応援してくれた。

T C15さん、応援してくれたって、詳しく言ってくれる?

C15 家族が運動会のときも応援してくれたし…応援してくれた。毎日。

「お母さんたちにもっと喜んでもらいたい」

T まだまだ聞いていたいんですが…みんな、この「家族幸せ大作戦」を続けてきたじゃない。これからどうしたい? ＊4

C16 お母さんたちに、もっと喜んでもらいたい。

T C16さんは、そうらしいです。みなさんはどうですか?

C17 大人になったら、自分ができることをする。

T C17さんは、大人になるまでのことを考えている。

C17 大人になるまでやったほうができることが大きい。

T 大人になるまで役に立ち続けるってことか。みんな、ちょっと時計を見てください。

残りの時間は次の作戦を考えましょう。今、もっとよくしたいって言う人もいるし、大人になるまでのことを考えている人もいるし、多分いろいろなことを考えていると思うので、次の作戦のために、自分のしたいことをする時間にしましょう。

（すぐに班の友達と机をくっつけて、相談を始める子供、立ち上がって遠くの席の友達とアイデアを交換し合う子供、タブレットを開いて、自分のこれまでの取組で何をやってきたかを見直す子供など様々です）

C18 C19さんは、次どんなことをやる？

C19 お父さんがやっていることで、大変そうなことを見付けて手伝う。

（このように対話をしながら考える様子や、個別に思考していく様子を机間を回りながら見とっていく大図教諭。新たな思い付きを伝えたい子供の話を聞いたり、新たな作戦をどうしようか悩んでいそうな子供たちに声をかけて対話していったりするなどしています。このまま10分間ほどが経過し、大図教諭が教室全体に声をかけます）

T まずい、みんな！

C 「時間？」「時間が？」

T すごく一生懸命やっていると思うんだけどさ、ちょっと時間になりそうなので、一時停止ってできます？

C多数 「できません」

T そうだよね。よく分かる。

（子供たちの反応を見越していたかのように、事前にセットしていたタイマーの音が大きく響きます）

T 1回、座れる？

（短時間で席に戻る子供たち）

T 大変一生懸命やっているところなんですが…あっという間に1時間終わったんですが…ふり返りを教えてくれる人いますか。C20さん。

C20 みんなの考えを聞いて、友達がやっていたことを参考にして、何か自分がやりたいことを考えました。

T じゃあ、自分がやりたいことは何だったの？

C20 ポイントを付けたりする。

T それがいいと思ったんだ。

C20 あと、C21さんがやっていたカレンダー（を自分）も作った。

T カレンダーも作ったんだ。それがいいと思ったんだね。なるほどね。他に教えてくれる人はいる？

C21 はい！

T C21さん。

C21 Bさんたちの真似をしてやったら、いっぱいアイデアが出てきて、そのアイデアをふり返りに書いて…それを参考にして、お母さんたちに喜んでもらいたい。

T ということは、C21さんは、お母さんたちにもっと喜んでもらいたいという思いを高めたんだね。ありがとう。いや～、まだまだ全員に聞いていきたいのですが、時間だよね。いったん授業を終わりにして、後でふり返りを書いてもらいたいと思います。

　　大図教諭は、そう話して授業を終えました。

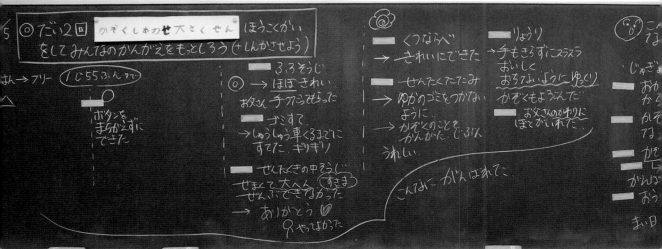

具体的な実践と自己評価から、なぜ継続できたかという気付きに向けて整理された板書。

ポイントは『がんばれた自分になれたのはなぜか』の問いかけ

　まず、この授業の成果と課題について、大図教諭は次のように話します。

「この単元での気付きには、自分が行った活動に対して回数を増やすだけでなく、どうやったら洗濯物に埃が付かないようにするか、という工夫のような方法の質の向上もあると思います。また、楽しくないお手伝いもあるでしょう。自分の支度をしたりとか、早寝早起きをしたりといったことは、地味だけれども、それが大事なことだと気付いていくことも大切です。そのような気付きの質を上げていけるようにしたいのです。

　前者に関しては、『洗濯物に埃が付かないように』という意見があり、気付きが共有されたと思います。しかし、後者の『自分のことを自分で』については、この授業ではまだ『自分が〜したい』という、視野が狭い状況だと思います。その気付きの質の向上を図るためには、自分を客観視し、自覚するために自分のやってきた活動を分類することや、保護者からのお手紙のようなものから気付いていくという方法、さらには自ら進んで自分のことをやっている子を価値付けて気付きを促す方法などが考えられます。しかし、この時点ではまだそこまで達していないと思い、もう少し活動を継続した上で、必要ならばそうしたアプローチもしていく必要があると考えています。

　一番のポイントは授業の後半に、『こうして、がんばれた自分になれたのはなぜか』を問いかけたところです。ここで、『家族がいたから』『家族が応援してくれたから』という意見が出てきています。ただ自分が楽しくお手伝いしているだけでなく、自分の成長と家族を結び付けていく考え方で、対象と自分を結び付けていく発問として考えましたし、そのねらいに迫る深まりが出たかと思います」

　最後に、この授業の中で生じた深い自問自答について、大図教諭は次のように話してくれました。

「この授業では最後の10分間で次の作戦に向けて自由に活動させました。活動している子もいれば、計画を立てている子供もおり、そこは『子供の思いや願いに寄り添う』という点で大事にしている部分でもありますが、むずかしさも感じているところです。

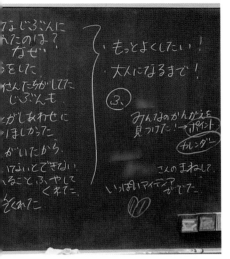

　それは教室の中での事前の対話で、『洗濯物に埃が付かないようにたたむ』などの質的向上の話が出てきており、それを生かして活動することを期待しているわけですが、そうではなく、その場で思い付いて即時的に行動している子も少なくないということです。実際に最後の10分間で、事前の対話とつなげて活動をしていた子は私の見とりでは半数程度だったように見えます。もちろん、学校ではすぐに家庭の活動に取り組めるわけではありませんから、この単元による部分も大きいわけですが、むずかしいところだと思います。

　もちろん、最後の活動をもっと焦点化し、『次に家でやる活動で気を付けたいことを考えましょう』とか、『次の作戦でどんなことを工夫できるか考えてみよう』と投げかければ、今まで家でやってきた活動について考え、構想し、改善する時間にできたかなとは思います。

　子供が教師の構想とは異なるときに、教師が構想の方向に引っ張ることで、子供の思いや願いが消えたり、授業が深まらなくなったり、忖度する子供が育つようになってしまったりする危険性もあります。そこで、あまり教師が描いた明確な目的に向かって直線的に向かうような学習にはしたくなかったので、体験と表現を繰り返す中で、自然に高まるようにしたいと考えたのですが、そこは悩みどころだという気がしています」

[＊1] (協)
この単元では、主たる活動は各家庭で行われており、個別に学習活動が行われることになります。学校ではその活動の実践結果を共有し、互いの気付きを促し、深めていくことが中心となり、協働的な学びが中心となります。

[＊2] (協)
この場面はグループの対話を中心とする、協働的な学びの場面。こうした対話へ介入するときの配慮について、大図教諭はこう話します。「私が机間を回って対話に入るとき、子供たちはその前から対話をしているわけですから、必ずその対話の文脈があります。その対話を少し離れたところでしっかり聞き、十分に文脈を理解したところで話に入って聞いたり、投げかけたりするようにしています。私も以前、対話への介入によって思考を促したいと考えていました。しかし、そのために対話を止めたり、無駄な話の繰り返しをさせたりするのは、子供同士が協働的に学ぶ上ではあまりよいとは思えません。ですから、子供の対話に入るときは、まず後ろで文脈を理解するために耳を傾けてから、必要に応じて介入したり、言葉がけをしたりしています」

[＊3] (個)
この授業でのポイントとして、大図教諭が用意していた大きな問いです。この問いは、対話の流れで出てきている問いではありますが、子供一人一人が自分の取組を省察してこそ答えの出てくる問いであり、この場面の子供の学びは個別な学びと言えます。

[＊4] (個)
ここまでの学びは基本的に協働的な学びでしたが、ここでもう一度、家庭での個別の学びに向けて、「どうしたい？」と問いかけて、個々の取組へと返しています。ただし、それを考え、深めるために、子供たちは友達と小グループのように集まって、協働的に学んでいるのもおもしろいところです。

町のすてき大はっけん

授業者 新潟市立新潟小学校　三星雄大 教諭

■ 単元の構想

❶ 単元目標

　地域の様々な場所を訪問したり利用したりする活動を通して、地域の場所と自分との関わりを見付け、地域の様々な場所や人、出来事に気付くとともに、地域の場所や人に親しみをもち、適切に接したり、安全に気を付けて生活したりしようとすることができるようにする。

❷ 育成する資質・能力

『町の特徴やよさ、働く人々の様子に気付く』（知識及び技能）
『町の特徴やよさ、働く人々について考える』（思考力・判断力・表現力等）
『町で働く人々に親しみや愛着をもち、適切に接しようとする』（学びに向かう力、人間性等）

　資質・能力の設定について、三星教諭は次のように説明します。
「生活科も総合学習も同様ですが、目指す姿を鮮明にイメージするために資質・能力の知識及び技能にあたる「気付き」にポイントがあります。気付きの質が高まった状態をイメージすれば、そこにどんな思考力等が必要かとか、学びに向かう力が必要かといったことが自然に紐づいてくると考えます。ですから単元構想の起点としては、まず知識及び技能を鮮明に描くことを心がけています」

　学習指導要領の言葉は、大人である教師の言葉であり、「子供たちが2年生なりに地域の人やものやことに触れ合った結果、どのように具体的に表現したり、行動したりするかをイメージし、目指す子供の姿を明確に描きます」と三星教諭。

【知識及び技能】
• 自分たちの生活は身近な様々な人や場所と関わっていることが分かる。

【思考力・判断力・表現力等】
• 身近な地域の場所や人と自分との関わりについて考えることができる。

●地域の人々と適切に接したり、安全に気を付けて生活したりすることができる。

❸ 単元構想過程

「目指す力を育むためにゴールとなる子供の姿を描くわけですが、その姿が本当にこの地域に当てはまるものなのかを同時に考えることが重要」と話す三星教諭。

「この単元で触れ合う『古町・本町』と呼ばれる地元の地域には、創業100年を超える老舗もたくさんあり、職人さんも多く、個人経営の商店が本当にたくさんあります。どのお店にも共通することは、お客さんが喜ぶために仕事をしていることで、人柄としても親しみやすい人たちがたくさんいます。そうしたものに気付くことで、町に対する愛着ももち、自分が行ったことのないお店にも行ってみたいという新たな思いや願いをもつようになるとイメージします。

そのような気付きをもった子供たちは、学習が終わった後も町に関わりたくなる気持ちが強くなるでしょう。それは、生活科の目標である自分の生活を豊かにすることになるわけです。ですから、目指す子供の姿を描くことは、教材研究とも強くリンクしますし、そのために事前に何度も町に足を運び、お店の人たちともお話をしました。そのように子供の姿を描きながら教材開発をするために、教師である自分が対象である町に関わり続けると、子供が学習するプロセスと同じようなプロセスを先にたどることになるのです」と三星教諭は話します。

「例えば、地域にある傘屋さんに行くと、傘を売るだけでなく、わずか数十円で修理もしてくれています。職人さんであるご主人は、傘が使い捨てになっている現状やそのほうが利益が上がることを知りながらも、『物は大事に使ってほしい』という思いから、利益を求めずに『修理をすることで傘を長く使ってもらいたい』と話されるわけです。このような姿が他のお店でも見られるわけで、そのように異なるお店に共通することに気付いた子供たちの気付きの質は、明らかに高まっていくだろうと思い描くわけです。

そうすると、まず子供たち一人一人が興味をもったお店について調べたいという思いをもたせる場面が必要で、そこで気付いたことを他者と交流して、共通点に気付いて気付きの質が高まるような話合いの場面が必要だと考えていきます。そのようにゴールの姿から逆向きに設計しつつ、導入や学習過程を細かく行き来しながら、単元の中にどんなプロセスが必要かを考えました」と三星教諭は、単元デザインの過程を説明します。

個々の思いを大事にしながら、ていねいに問い返して深める三星教諭。

〈三星教諭による作成資料〉

4 単元の計画

	【学習活動】	【働き掛け】	時
1次	○１回目の町探検の計画を立てる。 ※町コース，神社コースの地図を示して，見通しをもつことができるようにする。	◆地域の写真を示し，知っていることを問う。 ◆町の「すてき」を見付けてくるという学習の目的を共有する。	
	CO：町探検をするのが楽しみだな。僕が知らない「すてき」をたくさん見付けてきたいな。		
	○町コースの探検を行う。 ○「町のすてき大はっけんカード」に，見つけたすてきを書く。 ○神社コースの探検を行う。 ○「町のすてき大はっけんカード」に，見つけたすてきを書く。 ○どんな町かを考え，これまでの探検を通して分かったこと，これからやってみたいことを書く。	◆町探検の時間を複数回設定する。 ◆見付けた「すてき」を問い，「町のすてき大はっけんカード」に書かせる。 ◆どんな町かを問い，分かったこと，これからやってみたいことを「町すてき大はっけんカード」に書かせる。 ◆この町のすてきは何かを問う。 ◆この町のすてきをまとめる時間を設定する。	8
	・この町には優しい人が多くて、みんな笑顔で挨拶をしてくれたよ。古くからある建物や場所もたくさん見つけたよ。 ・町探検をして新しいことがたくさん分かって嬉しかったな。次は、町の人にお話を聞きに行きたいな。		
2次	○町で働く人へのインタビューをする目的を考える。 ○どのような質問をすると町のすてきが見付けられるのかを考える。 ○お店にどのような質問をするのか考える。 ○グループで決めたお店にインタビューへ行く。 ○インタビューへ行って分かったこと，思ったことを「町のすてき大はっけんカード」に書く。 ○模造紙でお店の新聞を作成する。 ○新聞を使って調べたことを交流する。 **○「町全体のすてき」について考える。**	◆町探検の目的を問い，行きたいお店を選択させる。 ◆お店の資料を提示し，質問したいことの視点を整理する時間を設定する。 ◆町探検の計画を立てさせる。 ◆町探検の時間を設定する。 ◆インタビューをして分かったこと，思ったことを問う。 ◆質問をして調べたことをまとめる時間を設定する。 ◆新聞を使って調べたことを交流する時間を設定する。 **◆この町のすてきは何かを問う。**	10
	・僕が住む町は、優しくて仕事を工夫している人がたくさんいたよ。友達と話し合ったら、どのお店も優しくて仕事を工夫していることが分かったよ。僕はこの町が大好きになったよ。だから、また町に行ってみたくなったよ。お礼の手紙を渡しに行きたいな。		
3次	○お礼の手紙に書く内容を伝え合う。 ○手紙を渡しに行く。	◆町の人との関わりで感じた感謝を伝え合う場を設定し，手紙に書かせる。 ◆お世話になったお店にお礼を伝えに行く時間を設定する。	5
	・○○さんがどんな質問にも優しく答えてくれて嬉しかったよ。とっても優しい○○さんが大好きです。ありがとうございました。		
	○町探検を通して，自分が成長したことを振り返る。	◆町探検に行って自分ができるようになったことを問い，ワークシートに書かせる。	
	・僕は、自分から挨拶ができるようになって嬉しかったです。町探検をして、今まで知らなかった町のすてきがたくさん見つけられて、町がもっと好きになりました。また町に出かけて、たくさんのすてきを見つけたいです。		

■ 単元の流れ（単元修正過程も含む）全23時間

1次 「町探検で古町・本町のすてき大発見」 全8時間

「年度前に、生活科での研究授業が決まった当初から『町たんけん』での研究授業を構想していた」という三星教諭。年度初めから地元本町・古町を回り、1次の構想ができ上がったのは4月下旬。単元は5月にスタートしました。地域を大きく「町コース」、「神社コース」の2つに分け、お散歩たんけんのような形で、コースを変えて探検を複数回実施しました。「子供たちに気付いてほしいお店などの方には事前に、『さりげなくお店の前で仕事をしていただけますか』とお願いをしておきました」と話します。この探検の間、子供たちは発見したすてきを、「町のすてき大はっけんカード」に書いていきます。その探検が複数回終わったところで、この町のすてきは何かを問いかけ、意見を出し合いながら気付きをさらに見直し、「この町のすてき」を整理していきました。

2次 「働く人へのインタビュー〜町のすてきを考える」 全10時間
（後出の授業実践レポートは10時）

さらに探検を続けていくにあたり、「何のために探検をしていくのか」という目的を問いかけて考えさせ、さらに深く知りたいお店などを決定します。そこから、同じお店に行く者同士でグループになり、お店でのインタビューするときの質問項目を考えていきました。「当初にこちらが想定していた通りのお店だけでなく、異なる場所が選ばれる場合もあり、改めてお店と連絡をとって下準備を進めました」と三星教諭。そこから各グループに分かれて、インタビューを実施し、分かったことや考えたことを先の「町のすてき大はっけんカード」に整理。さらに、調べたことや考えたことなどを模造紙の新聞にまとめて、他の場所へ行った子供たちにも知らせ、交流をしていきます。そこから単独のお店だけではなく、「この町のすてき」は何かについて対話し、考えていきました。

3次 「お礼のお手紙〜ふり返り」 全5時間

まず2次のインタビューでお世話になったお店の方々へ、お礼の手紙を書いて届けます。

「計画当初は、子供が直接手紙を届けるとそれだけで2時間必要になるため、我々教師が届ける予定でした。しかし、子供の気持ち（学びに向かう力）を大切にしたいと学年内で相談し、子供たちが直接届けることにしました」と三星教諭。そうした体験も通して、自分たちが学んできたことをふり返り、自分自身ができるようになったこと（自分自身の成長）を自覚していくとともに、町に対する愛着や積極的に関わろうとする姿勢も自覚していきます。

生活・総合の授業づくりで大切なことは、子供に委ね、引き出すということ

　　子供たちは町でのインタビューを新聞にまとめて交流した後、本時で改めてふり返ります。三星教諭は、この授業のねらいについて、次のように話します。

　　「本校では『認め合う心』『支え合う心』を、教育目標の資質・能力に位置付けています。唯一の正解があるわけではなく、納得解・最適解という言葉があるように、その状況下でその集団が見付け出したり、創り出したりするものだという感覚を子供たちが体験し、『ああ、いいな』と思えるようにしたいのです。

　　ですから、この町たんけんでは、徹底的に追究したい思いに付き合う前半がありますが、その場面において個で追究するだけではたどりつけないものがあります。ですから、この時間には互いの発見を伝え合う中で、共通点が見えるようにしていくねらいがありますし、それを子供たちの言葉で整理していきたいのです」

これまでの学習で見付けた、町のすてきを発表

三星教諭（以下、T）　皆さんは『町にはどんなすてきがあるのかな？』と言って、町に行ってインタビューをしてきましたよね。そして、インタビューをしてきたことを新聞としてまとめて、町のすてき発表会にも行ってきました。さて、これまでの学習で見付けた町のすてきを発表できる人いますか？

子供（以下、C）1　私はA店に行ったときに、笹団子を作るのがとても速かったけど、どれもおいしそうでした。

C2　私はB店で甘エビ真丈がおいしそうだったので、食べてみたいと思いました。

T　今の2つにつながる意見がある人はいますか？ ※1

C3　私は行っていないんだけど、2人の話を聞いてとても食べたくなりました。

T　まず、ここまでをまとめるよ。ここまでの町のすてきをまとめると、この町はどんな町だと言えそうですか。〜の町と、町が最後に付くようにまとめられますか？　（挙手は数名）では、隣の人とペアトークしてみよう。30秒！ ※2

　　（短時間のペアトークで挙手増。意見をつないで発表するように投げかけます）

C4　おいしい食べ物がたくさんある町です。

T　なるほど。似ている人、いる？　はい、C5さん。

C5　C4さんと似ていて、おいしい食べ物がある町。

T　なるほど。もう1人くらい聞こうかな。C6さん。

C6　やさしくて、すてきな町。

　　（ここで話を戻し、最初の2人が言ってくれた意見を改めて子供たちに聞き、「おいし

●本文中の「＊数字」は各実践例末尾のコラムをご参照ください。
⑱とは「個別最適な学び」、㉔とは「協働的な学び」を象徴する場面であることを指します。

い食べ物がたくさんある町」という意見を紙に書き直して黒板に貼る三星教諭）

町のすてきを書き出した付箋を整理

T　じゃあ、みんながこれまでの町たんけんを通して見付けてきた、町のすてきは『おいしい食べ物がたくさんある』ってことですね。

C　「もっとある」「他にある」「もっといっぱいある」「きれいとか」

T　何々、「まだある」って考えている人どれくらいいるの？（大多数が挙手）お～、ほぼ全員だね。じゃあ、今日、みんなが考えていきたいことって何？ *3

C7　みんながいろんなお店に行って、どんな町のすてきを見付けたのか、考える。

T　C7さんが今、何て言ったか、自分の言葉で繰り返せる人いますか？

C8　どんなすてきを見付けられたか。

C9　みんなが違うお店に行って見付けたすてきを話し合う。

T　こういうふうに、みんなが言っていることは微妙に違うでしょ。それをはっきりさせていくことが大事だよ。みんなが友達の発表を聞くときはどうやって聞くんだっけ？（黒板の横に貼られた聞き方に関する掲示を指差し）　似てるかな？　同じかな？　違うかな？　と、比べながら聞いて。はい、C7さんもう1度お願い。

C7　みんなが、いろんな店に行って、どんな町のすてきを見付けたのか、考える。

（「どんな町のすてきを見付けたのかな？」と板書し、全員に音読させる三星教諭）

T　今日、考えていきたいことがはっきりしたところで、これからどうやって学習を進めていきましょうかね？　自分の考えがある人、いますか？

C　「班ですてきを見付ける」「班でグループになって、どんなことを見付けたのか考える」「グループで見付けたことを話す」

意図的に偏った問い返しをすることで、子供の言葉と思考の深まりを促す。

T　今、グループって言葉がつながったけど、どうしてグループでやりたいんですか？　1人でもできるよね？

C　「グループでやったら、いっぱい発見ができるから」「みんなでやって脳みそ使うから、考えが広がる」「1人でやるより、みんなでやったほうがいろんな意見がつながる」「グループでやると考えが分かりやすくなる」 *4

T　ゴールは決まったよね。そして方法は、グループで考えたいということが出たね。じゃあ、グループで考えるときに、何もなくて大丈夫？　必要なものはない？

（多数の子供の意見に沿って、ホワイトボードとペンを各班で準備するように決定。30秒弱で全班が机の並べ替えまで終了します）

グループで対話している子供たちに問い、思考を深める三星教諭。

ホワイトボードに互いの気付きを貼って整理し、「〜な町」と名付けていった。

T では、みんながやりたいことがはっきりしましたから、これから机の中にある自分の「町のすてき大はっけん」のカードを出してください。

（カードに整理している個々の発見を整理した付箋の中から1枚をホワイトボードに貼り、類似するカードを隣に貼り出しながら整理。それが終わったら、各まとまりに対して「〜な町」と、まとめる言葉を考えるように指示。子供たちも活動を始めます）

C 「これは品物だから一緒にできるね」「人のほうは、『やさしい人がいっぱいいる町』でいいんじゃない」「こっちは何がいい？」

（班で話し合う子供たちの間を回り、質問したり問い返したりする三星教諭）

T 今、この4枚（の付箋の意見）が出てきているけど、この4枚は題名を見ると微妙に違うじゃないですか。これを、どうまとめようと考えているの？

（それを聞いて内容を吟味し直し、2枚ずつに分けてタイトルを考えていく子供たち）

他にどんなすてきな町の姿があったか、全体交流

指示した10分が経ったところで、三星教諭は対話を止めて、全体交流に入ります。

T それぞれのグループでたくさん話合いがされて、いっぱいの言葉が飛び交っていました。5班なんて最後まで解決しないところがあったんだよね。でもよかったのは、適当に名前を付けるんじゃなくて、『こうかな？』『ああかな？』と考えながら、最後まで考え抜こうとしていた姿です。いろんなところでそんな姿があったと思います。

「おいしい食べものがたくさんある町」ではない町の姿がまだあると、みんなは言ったわけだから、聞いていきます。じゃあ、この他にどんなすてきな町の姿がありましたか、発表してください。C10さん。

C10 がんば…町。（小さな声）

T 今、C10さんが言ってくれたこと、聞き取れた人いる？　C11さん。

C11 がんばっている人がいっぱいいる町。

T 同じ人いる？（半数近い子供が挙手）　ああ、いるね、いるね。では、C12さん自分の言葉で言える？

C12 がんばっている人がたくさんいる町。

T この言葉があるグループがたくさんあったんだけど、じゃあ、お店の人はどんなことをがんばっていたのか、聞かせてくれる？（挙手数名）　じゃあ、隣の人とちょっと確認しましょう。（隣同士で対話する子供）

ああ、いいね。掲示物を見て話し合っている人もいるよね。そういうふうに学び方が身に付いているんだよね。周りの人にもそんないいことがいっぱいあるんだよ。さあ、行きましょう。お店の人ががんばっていることは何ですか？（挙手大量増）

C13 私は傘店に行きました。そのお店の人はTさんという人です。その人は傘屋さんなので、壊れた傘でも直していました。だから、がんばっているなと思いました。

C14 僕はS店へ行きました。長い時間、いっぱい商品を売ったりしていたから、集中をしてがんばっていました。

C15 僕はY店に行きました。Y店は時計屋さんで、時計やベルトとかの商品を置くのをがんばっているそうです。（さらに何名もの発表が続きます）

T みんながんばってやっていることを、言ってくれたじゃないですか。これって『楽ちんだな』と思いながらやっているようだった？

C16 そのことを言おうとしていた。

T 失礼しました。そのことを言おうとしていた人がいました。ではC16さん。

C16 私はS店に行きました。がんばっていることには忙しいことも含まれると思います。なぜかと言うと、お客さんが笑顔になるためにがんばっているからです。

T 今、忙しいって言ってたね。みんなの行ったお店も忙しかった？（全員挙手）　ねえねえ。先生は忙しければ、『やめちゃえば、いいんじゃないかな』とか『お休みしちゃおう』と思うこともできると思うんだけど、みんなの行ったお店はどうだった？

（この三星教諭の言葉に反論をつぶやく子供たち。そこで、子供同士が意見をつなぎながら、がんばる理由を発表していきます）

C多数 「お客さんの笑顔を見たいからだと思います」「店員さんはやり抜いたらほっとするし、お客さんに買ってもらったら嬉しくなるから」「やめることだってできるけど、店員さんはお客さんの笑顔を見たいし、買ってもらいたいし、買っても

真剣に対話し合う子供たち。

らった人も買った人も笑顔になるからだと思います」

T 笑顔になるって、お店の人だけじゃなくて？　誰も？

C多数 「お店の人もお客さんも！」

C17 お客さんの笑顔が見たいから、がんばっているんだと思います。

C18 お店の人は笑顔を壊したくないし、自分だけ嬉しくてもお客さんが笑顔じゃなかったら意味がないし、どっちも笑顔じゃないと買ってもらっても嬉しくない。

T なるほど。意味がないって言うけど、自分が嬉しかったらいいんじゃないですか？

C19 あそこに書いてある（学級の合言葉）「自分もみんなもうれしく楽しく」

T それは、クラスで大事にしている言葉でしょ？

C 「クラスだけじゃない」「町でも大事にしている」「どこでも大事」

T このことは町でも大事にしているの？　そう思うっていう人は？

（ほぼ全員が挙手）

T これ大事なんだね。

C 「明日もきっと行きたくなる」「明日も行きたい」

（口々につぶやく子供たち。三星教諭はそれらの意見を板書に整理していきます）

全員にふり返りを書くためのカードを配付

T 今、『おいしいものがたくさんある町』『がんばっている人がたくさんいる町』について聞いてきたよ。他に『～の町』になるようなことがある人、いますか？

（挙手した子供に順番に聞く三星教諭）

C 「商品がたくさんある町」「やさしい人がたくさんいる町」「工夫している人がいっぱいいる町」「毎日工夫している町」「やさしい店員さんがいる町」「やさしい人がいる町」「夢をかなえたすてきな町」「すてきなやさしい人が多い町」

T みなさん、今、同じ言葉が4回出てきたんだけど、気付いたかな？　分かるかな？

C多数 「気付いた」「分かった」

C20 やさしい人がいっぱいいる町です。

T そう。それが4回出てきたね。さあ、最後にそれをやっていこう。みんなインタビューに行ったときに「お店の人がやさしい」と感じた人はどれくらいいますか？

（大半の子供が挙手）

T どんなところがやさしかったのか、発表できる人？（挙手人数減）

「～な町」ごとにまとめて整理された、この授業の板書。

C21 S店に行ったとき、お客さんがたくさんいたんだけど、私たちにもお客さんにもやさしくしてくれたからです。

C22 C21さんに似ていて、お客さんが途中から来ても、インタビューしている人にもお客さんにもやさしくしてくれたからです。

C23 お客さんがいるときでも、態度が変わらず私たちにも答えてくれたり、お客さんのお願いにも応えていたりしたからです。

T 今、態度を変えないっていう、ちょっときれいな言葉で説明してくれたんだけど、C23さん、ちょっと聞かせて。態度を変えないって、どういうこと？

C23 例えば、私たちにだけやさしくして、お客さんには嫌な雰囲気になったりしないってこと。

T なるほど。人によって態度を変えることがないってことですね。

C24 先生、態度を変えることもあります。

T 何々？　変えることもあるって、どういうこと？　C24さん。

C24 C23さんが言っているのは、やさしくしてくれる態度をずっと変えないってことだけど、私が変えるっていうのは、悪い態度をするのを変えるということ。

T どういうこと、どういうこと？

C数名 「ああ〜」「何か、分かった〜」

T 「ああ」「分かった」って、分かろうとするの大事だね。ではC25さん。

C25 私はC23さんと同じこと考えていたけど、C24さんのように変えることもあるんだなと思いました。C23さんの変えないは、いい態度をずっと変えないと言ったけど、C24さんの言っていたのは悪い態度をいい態度に変えるということ。

C24 悪い態度をしていたら、自分もみんなも嬉しくならない。

T ねぇねぇ、お店の人が悪い態度をしていたところあった？（全員が否定）　ああ、ないけど、『もし』あったらってことか。なるほど。（板書を整理し直す三星教諭）

T みんなが行ったときはやさしかったっていうのは、分かったよ。でもさ、みんなが行ったときだけ、やさしかったんじゃない？

C複数 「違う」「見に行きました」

T いや、きっとそうだったんだよ。（さらに反対の声多数、挙手も増える）

C26 別の日にも店主のRさんがいたら、挨拶をしようと思って行きました。そしたら挨拶をしたら、Rさんがやさしく「こんにちは」と挨拶をしてくれました。

T 何々？　他の日にも行った人がいるの？　じゃあ、つないで。（相互指名で発表）

C27 お店の人は、いつでも誰にでもやさしい。

C28 いつでもがんばっていてやさしいから、きっと他の日にそういうことはしないと思いました。

T 日が変わっても、みんなとお客さんとで態度を変えないってこと？（同意多数）

T 他にもお店に行った人はいるの？

C29 私は挨拶はしていないんですけど、お客さんに笑顔で相手をしていたので、私たちの見ていないところでも、努力しているんだと思いました。

C30 私たちがインタビューに行っている間も帰る前も、いっぱい人が来ていたから、いつでも態度は変わらないと思います。なぜなら、嫌な態度をしているとお客さんが来

ないからです。いつでもやさしくしてくれるから、いっぱいお客さんが来るんだと思います。

T 日によって態度を変えるとお客さんは来ないの？（多数の子供が同意）みんなの気持ちは分かるんだけど、時間が来てしまいました。今、別の日に行った人もいるんだけど、行っていない人もいます。では、みなさん、これからどんなことをしたいですか？

C31 僕はまたY店に行ってみたい。

C32 C31さんと似ているけど、私は別の店にも行ってみたい。

T なるほど。いろんな所に行きたい気持ちが広がっていますね。今のその気持ちを先生に届けてください。

（全員にふり返りを書くカードを配付）2つのことを聞きます。1つ目。友達と話し合ってどんなすてきがある町だと思いましたか。理由を書きましょう。2つ目、これからどんなことをしていきたいですか。詳しく書きましょう。さっき、みんなに聞いたことを先生に届けてください。

町のすてき　大はっけんカード
11月　18日　名前　■■

○友だちと「町のすてき」を話し合って、どんなすてきがある町だと思いましたか。りゆうを書きましょう。

がんばっていてやさしい人がたくさんいる町

やさしい人しかいない町だと思いました。わたしは、はんじょうどうに行きました。本をこぶのがたいへんそうでした。でも毎日つづけているのがすごいと思いました。たいへんでもつづけるのは、おきゃくさんのえがおが見たいからだそうです。おきゃくさんがえがおになるとうれしいといっていました。ほかのお店も同じで自分もおきゃくさんもうれしくたのしくなるようにがんばっていることがよく分かりました。やさしい人しかいない町だとおもいました。やさしくないとおきゃくさんは、そのお店のことがいやになります。そうするとお店に人が来なくなります。中山さんは、わたしにもやさしかったしおきゃくさんにもやさしかったです。そしてたんすやも丸本てんもやさしいことが友だちの話から分かりました。だからわたしたちが町たんけんに行ったときふる町には、たくさんの人がいたんだと思いました。わたしは、このふる町が大すきになりました。

◎これからどんなことをしていきたいですか。くわしく書きましょう。

町のすてき大はっけん①でみつけた「すてき」と町のすてき大はっけん②でみつけた「すてき」はちがいました。きっとまだまだすてきがあるとおもいました。わたしは、行ったことがないおみせにいったって「すてき」をはっけんしたいです。じっさいでみつけるってすごくたのしいです。またはんじょうどうにいきたいです。どうしてかというとおれいをいいたいからです。中山さんは、おきゃくさんもいてすごくいそがしそうでした。でもわたしにすごくやさしくしてくれました。そんなやさしい中山さんがだいすきになりました。ありがとうございました。わたしはこのおみせが大すきです。とてもえがおでげんきよくいいたいとおもいました。またいってがんばっている中山さんをみてみたいとすごくおもいました。

短時間にびっしりと書き込まれた、この授業のふり返り。

子供たちの学び方に対する価値付けの言葉が多く見られる授業

授業について、三星教諭はまず授業について次のようにふり返ります。

「最初に、教育目標である『認め合う心』『支え合う心』について触れましたが、『どのお店の人もお客さんのためを思っている』とか『お客さんの笑顔のためにがんばっている』という子供たちの気付きは、まさに『認め合う心』『支え合う心』が根底にありながら概念形成されてきたものだと思います。そうした気付きを、より力強く主張させていくために、教師の私があえて逆の意見を投げかけました。それによって子供の考えが焦点化し、高まっていく上で効果があったかと思います。

ただ、単元構想・授業構想段階では、この町に多くいらっしゃるベテラン職人さんの匠の技への気付きも引き出したいと思っていたのですが、そこが引き出せなかったことは自省をしています。学習過程での個人のふり返りは『カード』に整理しており、その中には匠に関する内容が見られたのです。ですから、グループや全体での対話で出てく

るかと思ったのですが、匠の技は各業種で扱う対象物による部分が大きく、表面的には見え方が異なってくるので、2年という学齢では、『その根底にある思いは同じだ』というところまではなかなか行きにくいのだなと思いました。授業の最中に、もっともっと具体的な対象に関わり続けることをしないと捉えきれないのだなと感じ、この授業では、どの班にも共通するやさしさを語る部分に力点を置くことに切り替えて進めました」

その他、この三星教諭の授業の特徴と言えるのが、子供たちの学び方に対する価値付けの言葉が多く見られることだと思います。それについて、三星教諭は次のように話します。

「学び方、聞き方といった学習過程で見せる子供のすてきな姿に子供たち自身は無自覚です。そのため、教師が価値付けないと流れていき、それでは学級全体の学びに向かう力や思考力はなかなか高まっていかないと感じています。ですから、授業の中はもちろん、授業を終えた翌日の朝時間などで、授業中の写真を見せて、『昨日のこの授業のこの場面で、先生はすてきなところを見付けたのだけど、どこか分かる？』と子供たちに投げかけるのです。そうすると、子供たちはその授業場面を思い出し、いろんな意見を出してきます。そこで、私が見付けた学び方、聞き方のよさを伝えた上で、『似たような場面で、またこうした学び方ができたなら、それはすてきなことだから、先生はまた見付けていくよ』と話すのです。そのようにして、学習の結果として気付いたことだけでなく、学習のプロセスに価値があるということを年間を通して何度も子供たちに語っています」

最後に三星教諭は、授業を行う上での教師の姿勢について話してくれました。

「私が生活・総合の授業づくりで大事にしているのは、探究の主人公は子供たちだということです。そのために大切なことは子供に委ね、引き出すということです。子供に委ねると、事前に教師が思っていたような展開や言動にならないことも少なくありませんが、それでもじっくりと子供の思考や発言を待つことが大事だと考えています。それによって、子供たち同士も互いにじっくりと待って聴くことのできる子供が育つと思っています。

子供同士で学び合うためには、当然、支持的な学級風土が重要ですが、そのためには、まず教師が待って聴くことも大事にしてきています。教師が日々、子供の目の前で一貫してどう振る舞っているかが、子供を育てる上で非常に大きなポイントになると思います」

【＊1】㊙
個別に探究したことをただ発表するだけでは個別の意見の発表会で終わり、より質の高い気付きや概念形成にはなりません。そこで、まず意見をつなぐことを意識させています。

【＊2】㊙
この直前につないだ意見を一つの言葉に整理することで、個別の学びを協働的に高めていく本時の学習が具体的に子供たちに落ちていきます。

【＊3】㊙㊙
学習の課題（あるいは、めあて）などを子供たちに考えさせ、設定させることは主体的に学ぶ上でも重要ですが、協働的に学ぶ上でも目的意識を共有し、対話をより円滑に進めていく上でも効果的です。

【＊4】㊙
グループで（協働的に）学ぶことの意義を子供たち自身が語ることで、学びに向かう力もより確かなものになりますし、先々協働的に学ぶ上でも大きな力になります。

❸年 総合

できたてキッチン

授業者 上越教育大学附属小学校 **甫仮直樹** 教諭

■ 単元の構想

❶ 単元目標

　ライブキッチン（つくり手が食べ手の目の前で料理を行い、でき立てのものを味わってもらう活動。子供による呼称は「できたてキッチン」）と関わることを通して、目の前で調理する臨場感や、できたての味、つくり手のこだわりなどに基づいて、仲間や地域の人と場を共にする楽しさをつくり変えながら、地域との関わりを広げる。

❷ 育成する資質・能力

【知識及び技能】
- ライブキッチンと関わることを通して、つくったものにつくり手の思いが込められていることや、仲間や地域の人たちと場を共にすることの楽しさに気付いている。

【思考力・判断力・表現力等】
- ライブキッチンと関わることを通して、仲間や地域の人たちと場を共にしながら、どうすれば相手にとって居心地がよく楽しい場になるのか、これまでの活動を比較したり関係付けたりして考えている。

【学びに向かう力、人間性等】
- ライブキッチンと関わることを通して、活動を通して得た知識や自分と仲間の考えを生かしながら、協働して活動に取り組もうとしている。

❸ 単元構想過程

　上越教育大学附属小学校では、年度当初に子供が1年間関わっていく「人・もの・こと」を教師から示す。「人・もの・こと」の価値を考え抜き、どのような本質に子供とともに向かっていくのかをていねいに思い描いて、活動をスタートさせる、と甫仮直樹教諭は話します。

　「本校では、創造活動（総合的な学習の時間）を学びの中核に置いており、生成AIも

出てきた時代だからこそ、手や目や耳など五感で感じて心が動き、「実感」したことから追究していくことを大事にしています。また、私の活動づくりは、自分自身の心が動いたことを子供はどう感じるだろうかということが起点になっています。

　最近、上越市では、キッチンカーで料理を振る舞う〇さんのようなお店が増えてきました。そのような方々との関わりを通して興味をもち、それを子供がどのように感じるか、一緒に活動したいと思ったのです。ですから、この１年間の活動でも、自らライブキッチンをやりたいという思いや願いをもち、学んでいくことのイメージがつくれるような人との出会いを最初につくるように考えました」

　この活動では、「できたてキッチン」で仲間と協力しながら料理をつくって、地域の人に振る舞い、触れ合っていく過程を通して多様な力を身に付けていきます。そのイメージがつくれるよう、キッチンカーで手づくりピザを提供している、もぐら屋の〇さん（本業はうどん屋さん）と出会うことから始めるように決めた、と甫仮教諭。

「本校の近くに高田城址公園がありますが、春には観桜会で屋台が出ており、〇さんも出店しているので、まず子供と一緒にそこに出かけました。観桜会で桜や屋台に興味をもって見ている子供は、やがて〇さんのお店を発見します。

　そこで、私から『せっかくだから食べさせてもらおうか』と声をかけ、実際にどのようにつくっているのかを見て、食べてと、五感を使いながら感じ取り、心が動かされることからスタートしていきました。この時点である程度、子供の活動の方向性は出ていたかと思います。

　その活動を通して、子供は〇さんや料理に関わることに興味をもつと同時に、自分たちも『料理をつくって味わいたい』と言い出します。そこから、地元高田の本町商店街や朝市などで、いくつかのお店に行って関わることを想定していましたが、子供は積極的に調べてきて、『商店街においしい手焼きのお団子屋さんがある』などの意見を出し、『もっといろいろな人に味わってもらいたい』という計画に変えました」

　意欲にあふれた子供はお店を調べることと並行し、『もっといろいろな人に味わってもらいたい』から、外で料理を振る舞いたいと言い始めます。しかし、まずは身近な人からということで、他学年の子供にも振る舞っていくことにしました。この間に、最初は５種類だった料理の種類（グループ）が、つくりたい料理の増加に伴ってどんどん増え、２学期末の本時には16種にまで増えました。

「２学期中には２回ほど、外部での『できたてキッチン』を想定しており、当初は商店街と朝市での実施を考えましたが、１回目の商店街での実施後、『嬉しかった。またやってほしい』と言う地元高齢者の声を聞いてきた子がおり、２回目も商店街で実施することになります（本時）。

　ただし、『自分たちは朝市で食材を仕入れているのだから、朝市でも実施したい』と主張する子がいて、３学期に行うものは朝市で、と子供たちの総意で決定。学年の締めくくりは、関わってくれた方を招いて、校内で実施する予定になっています」

③ 年 総合

2023年3年2組　4つの教育活動年間活動構想図

	創造活動「できたてキッチン」	実践教科活動、実践道徳、集団活動
4月	○焼きたてや揚げたてのものなどを味わいたい	
5月	○高田本町商店街や朝市を訪れたい ・もぐら屋の小川さんとかかわって、自家製トマトソースとチーズのピザを味わう ・もちや菓子店の上野さんとかかわって、その場で焼き上げた団子を味わう ・小麦専菓あかつきの中村さんとかかわって、手づくりのパンを味わう ・井上冷菓の橋本さんとかかわって、昔ながらの製法でつくられたアイスキャンディーを味わう ・さくらんぼ店の秋本さんとかかわって、手際よく焼き上げた大判焼きを味わう ・高野醤油味噌醸造店の高野さんとかかわって、180年の歴史ある木桶で仕込まれたヤマタカ醤油やヤマタカ味噌を受け取る　　○オープンスペースでライブキッチンを開きたい　○オープンスペースに場をつくりたい ・オープンスペースにテーブルを並べて、その上にコンロを置いて場をつくる ・冷蔵庫を装飾する ・高田本町商店街や朝市をまわって、食材を購入する ・購入した食材を使って調理を続ける	ふれあい集会について（集団活動） ・ふれあい集会に向けた思いを考える ・ふれあい集会の企画の準備、運営をする ・ふれあい集会を振り返る
6月		こだわることについて（実践道徳） 「形が崩れたものはお客に渡すか」 ・自由と責任　・親切、思いやり　・相互理解、寛容　・公正、公平
7月	○他学年の仲間にライブキッチンを開きたい ・どのようなライブキッチンの場をつくりたいのか考える ・使う食材やメニューを考える　・食材やメニューに応じてレシピをつくる ・ポスターやチラシ、看板などをつくる　・招待状をつくって他学年の仲間に渡す ・黒板を装飾する　・朝市などで食材を購入して仕込みをする ・客の呼び込みをしたり、食べ手の反応を感じながら調理したりする ・他学年の仲間にライブキッチンを開いたことを振り返る	場を共にすることについて（実践道徳） 「つくり置きしたものは並べるか」 ・自律　・勤労、公共の精神　・礼儀 ・よりよい学校生活、集団生活の充実
9月	◎様々なつくり手とかかわってこだわりを知りたい	手間をかけることについて（実践道徳） 「つくるものは手づくりするか」 ・自由と責任　・個性の伸長　・希望と勇気、努力と強い意志　・親切、思いやり　・公正、公平
10月	○様々なつくり手とかかわりたい ・Kitchen car HARUKANA の湯浅さんや、鶴越の小川さん、F-TRUCK112YOの松永さんとかかわって、ホットサンドや手打ちうどん、キーマカレーを味わったり、こだわりを聞いたりする ・つくり手に教わりながら、自分でもつくって味わう ◎高田本町商店街や朝市でライブキッチンを開きたい	場を共にすることについて（実践道徳） 「つくったものを手渡しに行くか」 ・節度、節制 ・親切、思いやり ・感謝　・友情、信頼 ・規則の尊重 　秋の音楽集会について（集団活動） ・秋の音楽集会に向けた思いを考える ・秋の音楽集会を楽しむ ・活動を振り返る
11月	・どのようなライブキッチンの場をつくりたいのか考える ・使う食材やメニューを考える　・食材やメニューに応じてレシピをつくる ・季節感のある飾りをつくる　・ポスターやチラシ、看板などをつくる ・高田本町商店街や朝市でチラシを配ってまわる ・かかわってきたつくり手にチラシを渡したり、ポスターを貼ってもらったりする ・高田本町商店街や朝市などで食材を購入する　・購入した食材の仕込みをする ・客の呼び込みをしたり、食べ手の反応を感じながら調理したりする ・これまでにかかわってきたつくり手と共にライブキッチンを開く ・アンケートを取って整理したり、記述されていることを確認したりする ・地域の人にライブキッチンを開いたことを振り返る	
12月	○食べ手にもつくってもらいたい ・食べ手に調理に参加してもらいながらライブキッチンを開く ・以前も来てくれた地域の人がリピーターとして再び足を運んでくれたことを喜ぶ	デザイン絵看板（実践図画工作科） ・高田本町商店街の絵看板を見てまわる ・オリジナル絵看板をつくる ・ライブキッチンにつくった絵看板を飾る
1月	◎かかわってきたつくり手や家族を招いてライブキッチンを開きたい	手間をかけることについて（実践道徳） 「自分や仲間が納得したものをお客に渡すか」 ・善悪の判断、自律、自由と責任 ・希望と勇気、努力と強い意志　・友情、信頼 ・相互理解、寛容
2月	・どのようなライブキッチンの場をつくりたいのか考える ・使う食材やメニューを考える　・食材やメニューに応じてレシピをつくる ・開催のための招待状をつくって様々なつくり手や家族に渡す ・ポスターやチラシ、看板をつくる ・高田本町商店街や朝市で食材を購入する　・購入した食材の仕込みをする ・かかわってきたつくり手や家族に味わってもらう　・活動を振り返る ・1年間の活動を振り返って、ライブキッチンを開いてきたことについて考える	こだわることについて（実践道徳） 「自分のこだわりをお客に伝えるか」 ・個性の伸長　・希望と勇気、努力と強い意志 ・相互理解、寛容　・家族愛、家庭生活の充実 ・よりよい学校生活、集団生活の充実
3月		

創造活動に取り込まれる主な実践教科活動の内容

○出来事と自分の思いを整理しながら、詳しく書き表すこと（国語）

○地域でつくられているものやそこで働く人々の思いをとらえること（社会）

○植物の成長のきまりや体のつくりについて観察や記録を行うこと（理科）

○音楽表現を考えて自らの表現に対する思いや意図をもつこと（音楽）

○活動の中で心に残った事柄について気持ちを思い出しながら表すこと（図工）

■ 単元の流れ（単元修正過程も含む）全70時間

1次 1学期

　まず、この実践構想の発端でもある○さんと出会い、料理を食べ、話を聞くことで、子供たちがライブキッチンに興味をもつ。そこでの感想を生かして、次の活動を展開。子供たちは地元商店街や朝市などの多様なお店を訪問し、つくったものを味わったり、話を聞いたりして調べていく。それと同時に、５月中には自分たちもライブキッチンを開きたいと思い、並行しながら料理をつくり始める。

　お店への調査取材と、料理の試作もある程度進んだところで、地域の人へのさらに多くの人に食べてほしいということで、いきなり外に出るのではなく、より身近な校内の児童に料理を振る舞うことにして、他学年に向けて５回の校内ライブキッチンを行った。実践道徳や集団活動とも連携。

2次 2学期（後出の授業実践レポートは12月）

　１学期に校内で無事に実施できたので、いよいよ校外で、地域の人へのライブキッチン開催に向けて、さらに多様なつくり手と関わる機会をもつ。並行して、ライブキッチンの実施に向けて、看板作りを図画工作科で行ったり、他者と場を共にすることについて実践道徳で話し合ったりしていく。

　11月に、ライブキッチンは高田本町商店街のスペースで実施。好評であり、地元の高齢者からの「また開いてほしい」という要望を受け、再度12月にも同スペースで実施することになった。２回目に向けて、１回目とは異なる料理にチャレンジした子供も少なくなく、料理の種類は16種となる（本時）。ちなみに２回目は朝市での実施を構想していたが、ある子供が地元高齢者からの要望を聞いてきたため、２回目も商店街での実施となった。同時に食材を購入してきた朝市でも、１月に３回目の「できたてキッチン」を開催することが事前決定した。

3次 3学期

　つくりたいものを決め、試作し、１か月程度の準備期間をおいて２月中に、朝市で「できたてキッチン」を開催。特に冬の朝市は寒さが厳しいので、お客さんが来ないことも想定される。ライブキッチンをすることの楽しさとともに、むずかしさも感じることができるのは、よい経験になるのではないかと思う。それでも、朝市の方たちはお店を開いているわけだから。

　１年間の最後には、今まで関わってきた本町商店街や朝市の方、保護者なども巻き込んでお店を開いていく予定。そして最後に、10回近くの「できたてキッチン」を開催して、この１年間で自分自身の何が変わったのかをふり返る。その自分の変化（成長）とつなげながら、地域の人、もの、こととの関わりを見つめていくのがよいのではないか。また、それを１冊の本にまとめてみるのもよいのでは、と考えている。

子供が主体的に計画・実施した後に、体験を言語化・思考し深めながら取組を改善

　12月初旬の午前10時頃、雪が降る中、日本海特有の雁木造りの商店街の共有イベントスペースである会場に、３年の甫仮学級の子供たちが勢ぞろい。11月の実施に続いて２回目となる「できたてキッチン」で、自分たちがグループや個人で試作を重ねてきた料理（全16種類）を地域の方に振る舞うため、雪のちらつくあいにくの天気ながら、やる気に満ちた表情で整列しています。

1時間ほどの間に、何十名ものお客さんが来場

甫仮教諭（以下、T）　もう地域の方や大判焼きのＡさんや、うどん屋の〇さん（事前の活動で関わったお店の方）も来られています。それでは準備していきますが、けがややけどには十分注意してください。あと、しっかり火を通すようにしてください。生焼けがあると、お客さんが食べられなくなってしまいますから。 ※1

子供（以下、C）全員　「はい！」

　ここから、全員がそれぞれ奥のスペースに自分たちの荷物を置き、つくりたい料理ごとにグループや個人に分かれて、折りたたみテーブルをセットし、カセットコンロやフライパン、鍋、自分たちが地域の方に振る舞うために用意した食材などを準備していきます。すでに、子供たちの様子を見に来た保護者も何名か見えますが、子供たちだけで調理用のテーブルを準備していきます。また、早々に自分たちがつくって振る舞う料理を宣伝する看板までセットするグループもあれば、まだ開店前とあって、看板を逆向きに置くグループもあります。

　２回目で少し慣れたせいか、10分ほどで全グループが準備を終え、事前の予定通り、10時半頃にはお客さんを待つばかりの状態。商店街の通行客に料理を宣伝するチラシを配り始める子供たちもいます。この日はあいにくの雪がちらつく空模様で、通行客も少ないのですが、子供たちがエプロン姿で料理をしている様子を見て、寄ってくる地域の方もチラホラ。

　子供たちが準備した料理は、大判焼き、どら焼き、シチュー、ホットサンド、ミルクティーなどバラエティーに富んでおり、冬とあって温かい料理が大半ですが、目の前で金平糖をつくってお客さんに振る舞っているグループもあります。料理の種類にもよりますが、多くの子供たちは、「できたてキッチンだから」とつくり置きせず、注文を受けてから調理開始。

　料理提供開始当初は、過去の活動で触れ合ったお店の人や、気になって様子を見に来た保護者の姿が中心ですが、次第にたまたま買い物などで通りかかった人や、前回の「できたてキッチン」で子供たちの取組を知って、今回もやってきた人なども増えてきます。「〜はどうですか。おいしいですよ」と積極的に声をかけていく子供たちもいれば、「これは何をつくっているの？」とお客さんから声をかけられるのを待っている子供たちもいます。

> ● 本文中の「＊数字」は各実践例末尾のコラムをご参照ください。
> 個とは「個別最適な学び」、協とは「協働的な学び」を象徴する場面であることを指します。

子供たちから、その場でつくられた、できたての料理を受け取って食べ、「おいしい」「ありがとう」とお客さんが笑顔を見せると、それを嬉しそうに見る子供たち。大判焼き屋のAさんご夫婦も、「料理の仕方自体は特に教えたわけではない」という大判焼きなどを食べて「おいしい」と言い、「誰の力も借りずに、チームだけで考えて料理しているんだから、えらい」と目を細めます。つくって渡す子供たちも「嬉しい」と笑顔で言います。

　本当に寒い中でしたが、次第に来客も増え、何十名ものお客さんが来場。好評の中、1時間ほど経過した予定の11時30分には「できたてキッチン」を終了。甫仮教諭の指示を受け、全員が後片付けに入ります。

　準備と異なり、たくさんの料理をつくった後だけに、片付けには準備以上に時間がかかりましたが、それでも予定の時間にはテーブルや料理器具などをもとの場所に片付け、会場内に整列。きちんと並んで、車に気を付けながら学校まで帰っていきました。

「できたてキッチン」での活動についてふり返る

　同日の給食後、午後の掃除の時間も含めて早々に各グループで手分けをして料理道具などを片付けてから、2回目の「できたてキッチン」についてふり返る活動が行われます。

T　ふり返りシートを書く前に、今日、やってみてどうだったか聞いていきます。(そう話してから司会【以下、MC】を2名決め、板書していく甫仮教諭)

T　じゃあ、まず司会から話してもらおうか。

MC 1　最初はあんまり来なかったけれど、後から少し来てくれて嬉しかった。

T　お客さんとどういうやりとりをしたか教えてよ。どんなふうに渡したのかとか、お客さんに何て言われたかとか詳しく教えて。

MC 1　お客さんはおいしいって言ってくれたし、焼くのが上手って言ってくれたから嬉しかった。

T　焼くのが上手って言ってくれた。それが嬉しかったんだね。(板書する甫仮教諭)

MC 2　手づくりハッピー大判焼き屋をやったんだけど…さっきMC 1さんが後からお客さんが来たって言ってたけど、(グループの)AさんとBさんががんばってチラシを配ったから、そのおかげなのか、最初から最後までひっきりなしに人が来てくれて、嬉しかった。あと(具材に迷ったときに、お客さんが引いておすすめを選ぶための)あみだくじはなぜか3ばかりを選ぶから、3のミックスが一番売れたの。(注：すべての料理は無料です)

C　「1は何？」「4は？」(具材を問う声複数) ※2

MC 2　4はランダムだけど、誰も選ばなかった。

お昼近くになるにつれ、多くの地域の方で賑わった「できたてキッチン」。

C複数 「2番目に売れたのは何?」「3番目は?」との声。

MC 2 1番売れたのがミックスで、2位があんこで、3位がジャムで1個も売れなかったのがランダム。ランダムは店員の気分なんだけど、生焼けがあって…だから、焼き直したの。フライパンで「ジュー」って。

T 焼き直したんだ。お客さんはどんなふうに言っていた?

MC 2 「おいしい」って。あと「きれいに焼けているね」って言ってくれた。

T 途中、友達の質問を挟んでもいいから、どんどん聞いていってください。(2名のMCに話して指名を任せる甫仮教諭) ※3

「おいしい」って言ってもらえたのが嬉しかった

MC C1さん(以下、MC番号省略)。

C1 金平糖屋で、味が8種類くらいあって…。

C1班の仲間 9、9だよ。新しい味を合わせて9。

C1 味が9種類あって、紫芋、ビーツ、カボチャ、ニンジン…(味を9種類説明)…迷っていた人もいたから、つくりすぎたかなとも思ったんだけど、後からお母さんが来て「職場で食べようかな」って言ったから、全色つくって大変だった。

C2 何で、味を9種類もつくったの?

C1 それは食紅の色がたくさんあって、食紅の色で、たくさんチャレンジしたかったからつくったの。

C3 他に挑戦してみたい色って、ありますか?

まず、2回目の「できたてキッチン」を終えた感想を出し合っていく子供たち。

C1 他に挑戦してみたいのは…黒かな。

C4 何で、前の金平糖は普通の食紅を使っていたのに、今度は野菜の食紅を使うようになったんですか?

C1 それは先生が買ってきてくれたおかげで、いろんな色でつくれるようになったから、挑戦したくてやったの。

T そうだよね。最初に「いろんな色に挑戦してみたい」という話があって、調べたら、いろんな色があることが分かったから、渡したんだよね。

C5 これ(野菜由来の食紅を使うこと)って、SDGsの食品ロスをなくそうっていうのにつながるよ。絵の具にするのもあるよ。

Ｔ　今の話、分かるかな。今、形が悪いものとか捨てられないように食紅にしたり…。

Ｃ５　あと、クレヨンとかチョークとか肥料にも使えます。

Ｃ６　杏仁焼きで、最初は通りでやっていたら、人が全然来なかったんだけど、途中から場所を移動したらすごくいっぱい人が来てくれて、人が来てくれたのも嬉しかったけど、MCさんみたいに「おいしい」って言ってもらえたのが嬉しかった。

Ｃ７　ホットサンド屋で、Ｓさんが休みで２人になったけど、何とかできた。ハムが２袋なくなって合計で８個売れて、どんどん注文が入ってきた。一番人気だったのがキャベツとピーマン（の野菜炒めサンド）だったんだけど、最初のほうは野菜炒めをつくっていて、つくり終わった後にホットサンドをつくった。野菜炒めをつくり終わって（スペースの）中に入った後から、ものすごくお客さんが来てくれたから、すごくよかった。

料理の工夫や人との触れ合いについて、思い出しながら語る子供たち。

Ｔ　お客さんの様子はどうだった？

Ｃ７　すごい笑顔で「ありがとう」って言ってくれて、できたてのものをあげたからか、「すごくおいしい」って言ってくれて嬉しかった。その後にＡさんも来て「お母さんはいないの？」って言うから、「どうして？」って聞いたら、「焼くのがうまいから」って。

Ｔ　皆さん、今日は大判焼きのＡさんも来てくださったんだよね。そのＡさんが焼くのがうまいって言ってくれたの。よかったね。

Ｃ８　何で、途中から野菜炒めにしたんですか？

Ｃ７　最初はカツサンドにしようと思ったけど、ハムチーズが手に入ったからハムチーズサンドにして、その後は（以前）朝市に行ったとき、「野菜炒めを入れたらおいしそうだな」と思って、（事前に）野菜炒めをつくったらおいしかったから、野菜炒めサンドをつくった。

Ｃ８　隠し味はあるの？

Ｃ７　隠し味は塩コショウ。

Ｃつぶやき　「へ～、塩コショウ」（数名の声）

Ｃ９　私のところはパパが来て、食べ終わった後に、募金箱に金平糖の代金を入れていた。

Ｔ　いくら入れてくれたの？

Ｃ９　200円。200円は入れていた。

　ここで、「募金箱に何円入っていた」「千円札が入っていた」などとお金の話に流れていったのを少し聞いてから、改めてＣ９さんに問いかけて話を戻す甫仮教諭。

Ｔ　ちなみに、お父さんは何か言っていた？

Ｃ９　確か、感想文を書いてたはず。

Ｔ　「ビーツの色がピンク色できれいなのと、粒も大きくて食べ応えがあり、おいしかったです」だって。よかったね。

Ｃ10　一番人気は何でしたか？

C9　紫芋と、さっきC1さんが言ったビーツ。

T　C1さん、それでいい？

C1　合っている。紫芋は絶対。

T　紫芋は絶対なんだ。それでビーツも人気だったんだね？

C1　うん。ビーツも1袋売れたもの。

C9　セットにして買う人もいた。

T　そう。人気だったんだね。紫芋って響きもいいもんね。

C11　ポテトチップス屋で、私のお母さんが来たんだけど、コンソメ味にしたポテトがおいしいって言ってくれて嬉しかった。

お店をオープンするときに、大切にしたことって何?

T　じゃあ、今、いろんなお店の話があったけど、みんながお店をオープンするときに、大切にしたことって何？　結構、いろんなお店の人から話を聞いて、「こんなことを大切にしているんだ」って、お店の人は言ってくれたでしょ。「やっぱり小麦粉が大事」とかね。Oさんも「ここが大事」って言っていたよね。

　1分、時間をあげるので、隣の人と話してみて。「皆さんはオープンのときに何を大切にしていましたか？」、用意スタート！ ※4

C　「生地がさ、やっぱり生地が…」「弱火でじっくりと焼かないと…」（熱心に対話）

T　はい、じゃあ聞くよ。C12さんは何を大切にしましたか。

C12　温かさです。

T　なぜ温かさなの？

この日の活動をふり返りながら、この先の活動についても考えが広がる。

C12 夏は冷たいもの、秋は冷たいものと温かいもの。冬は温かいものがいいから。

C13 秋はどうして温かいものと冷たいものなの？

C12 秋は冷たいものと、温かいものの季節の中間だから。

T なぜ、冬なら温かいものを出すといいのかな？　理由は？

C12 お客さんは寒いかもしれないから、温かいものがいい。だから、ココアもミルクティーも同じ時間ずつ温め直していた。

C 「みんな寒がっていたもんね」（同種のつぶやき多数）

T C14さんは、何を一番大切にしていましたか？（以下、指名省略）

C14 一番はやっぱりお客さんを待たせないように、できるだけ速く焼こうと思うんだけど、速すぎると中が生焼けになっていることがあるから、焦らないでていねいに、なるべく速く、でも中身が生焼けになっていないようにつくろうと思っていました。なるべく、できたてのホカホカのものをあげたいから、だから速めにつくって、Aさんの（大判焼き）みたいにいい色に焼けたら、あげるようにしていました。

C15 一番大事にしていたのは、（料理提供の）時間が1時間くらいしかなかったから、たくさんの人にあげたくて時間を一番大切にしていました。

T 時間って、こと？

C15 遅すぎるとたくさんの人にあげられないし、速すぎても誰も来ていなくて冷めちゃったりしたらダメだし。今回、生地があまり多くなくて、焦げると人にあげられなくてもったいないし、無駄遣いになっちゃうから、そういうところも時間を考えて…。

T 焦げるってことは、その分の生地がダメになるってこと？　その分、あげられるお客さんの数が減るってことだね。

C16 生地が焦げないことと人を待たせないこと。焦げたら生地が無駄になるし、焼く時間もかかって人も待たせるでしょ。それで焦げないことと待たせないこと。

T 確かに、あせると焦げたりするし、生焼けになったりもするよね。

C17 私は、お店をオープンするときに大事にしているのは形を崩さないことだけど、今、話していた人たちのように人を待たせないこともそうだと思う。そのために、お客さんと話すのも大事だなと思うけど、むずかしくて、でも慣れてくればできるかなって思う。

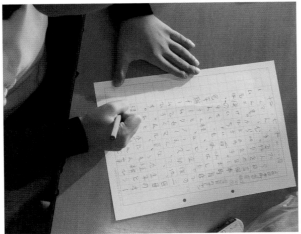

体験から得たものが多いためか、どの子も短時間で長いふり返りを書いている。

C17班 感覚が慣れると、できるっていう感じ。

C17 焼き色は、ほぼずっとホットケーキをやっているから慣れてきたし、今度はホットケーキじゃなくて、みそ汁とわらび餅をやろうかなと思って。冬は寒いからみそ汁で温まって、わらび餅は温まった後、最後に冷たいのを食べるの。

C18 水とか計量カップでちゃんと量って入れて、お客さんに出すと

47

き、ちゃんと味を確認して薄かったら味を足して、菜箸でちゃんと具を刺して柔らかさを確認して、上手にシチューができたらお客さんにあげて、「おいしい」って言ってもらえるのがいい。

T では、残り10分しかないんだけど、鉛筆を出してもらっていい？（ふり返りの「作文シート」を配付する甫仮教諭）題名だけ先生が書くから、書き出しはみんな自分でやってね。いいかな。題名は「高田本町商店街での2回目のオープン」。では、書ききれるところまでやりましょう。用意スタート。

（子供たちは黙々とふり返りを書き込んでいきます。子供の様子を見て、甫仮教諭が、お客さんの感想カードも見られると話すと、何名かの子供たちが前方に出て、お客さんや保護者の感想カードなどを探して読んでいます）

C19 C20さんのお母さんの感想カード、ここにあるよ。

C20 （お世話になったお店の）〇さんのカードもあるよ。

（友達と少し意見を交換し合いながら、時間いっぱい感想を書いて活動を終えました）

雪と寒さが想定される朝市での子供たちの体験や学びも楽しみ

　後日、甫仮教諭にこの日の活動について話を聞きました。

「今回の活動もそうですが、基本的には子供が主体的に計画・実施した後にふり返り、体験を言語化し、思考し、深めながら、活動の改善を図ることを繰り返しています。

　特に2学期以降、「できたてキッチン」のオープンを積み重ねる中で、子供たちの中から、『自分はこんなことにこだわっている』という声が増えてきていたのです。ですから、今回の授業でのふり返りでは、子供たちがこだわっている部分や大切にしている部分を出していきたいと考えていました。それが、次回予定されている2月の朝市での活動にも必ず生きてくると考えていたのです。それで活動の後半で、『大切にしていること』を聞きました。

　もちろん以前も、子供たちから自発的にこだわりについて語られるのを耳にしたことはしばしばあったのですが、実は私のほうから『大切にしていること』について聞くのは、このときが初めてでした。それは、「できたてキッチン」のオープンでの経験が積み重なってないと、子供たちはそれに十分には答えることができないと思ったからです。

　少し話がそれますが、以前〇さんに学校に来ていただいて、一緒にうどんづくりをしたことがあったのです。そのとき、子供たちはいろいろ質問をしていたのですが、一人が『お客さんがいっぱい来たときはどうするんですか？』と

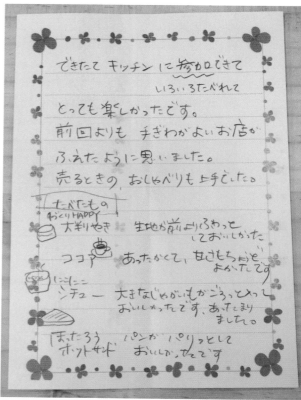

参加者からのコメント。これらも参考にしながらふり返りを書いていく。

質問しました。そうすると〇さんが、『行列のときこそ、あせらずていねいに作る』とおっしゃっていたのです。プロでも慌てると失敗することがあるそうで、『失敗するともっと時間がかかるから、お客さんのことを思うからこそあせらない』とおっしゃっていました。今日の活動の中でもそんな考えがたくさん子供たちから出ていましたね。

　また別のお店の方は、『どんな行列でも、必ずお客さんと話をする』と言っておられたのですが、そんなこともふり返りに出ていました。しかし、『できたてキッチン』を初めて体験した1回目には、『あせらないようにする』『お客さんと話をする』というようなことは出なかったと思うのです。もちろん1回目には1回目なりの違う考えが出ていましたが、この考えは経験を重ねたことで出てきたものではないかと思います。そのような気付きが大事ですし、それが今後増えるのか、それとも質の異なるものになっていくのか、非常に興味のあるところで、子供の様子を見ながら聞いていきたいと思います。

　ただ今回、私のほうから質問して楔を打ったので、3回目の朝市後には子供たちから同様の視点でふり返りが出るのではないかと思います。そんなこだわりを生かしながら、自分も楽しみ、食べた方にも楽しさを味わってもらえるような場にしていくわけです」

　当日はあいにく雪が降り、天気には恵まれなかったが、そうした状況について口にする子供は1人もいなかったことに触れると、甫仮教諭は次のように話します。

「気温や天気などの外的要因よりも、目の前のお客さんや目の前の料理に意識が向いていたのだと思いますね。それから、これまでの積み重ねもあるかと思います。料理をして振る舞うことが楽しいとか、喜びなのだと思います。3回目の「できたてキッチン」は雪と強い寒さが想定される2月の朝市で実施するため、また違った収穫がある気がします。

　今回の会場は大きな屋根のあるオープンスペースですし、近くに水場もありますから、料理をするには恵まれた環境でした。しかし次回の会場は、屋根もありませんから、雪や雨になっても逃れることができません。そんな中でも、朝市でお店を出している方たちは休まずお店を出しているわけです。それが働くということでもあります。それを子供たちが体験したときに、どんなことを感じ、どんなことを語るのか、非常に楽しみです」

[＊1] 個
　料理を提供するのが2回目ということもあり、テーブルの位置が通行の邪魔にならないように指示するなど、最低限の指示は行いますが、それ以外は基本的に子供に任せ、安全確認などをしながら机の間を回っていきます。失敗も含め、各グループに任せることで個別の体験も深まっていきます。

[＊2] 協
　甫仮学級では、他者の意見に疑問や興味をもった場合には自由に質問をできるようにしています。それによって、分からないまま聞き流す内容がなくなっていくため、より他者の意見にも興味がもてるし、協働的な学びが進んでいきます。

[＊3] 協
　個別の体験を交流し、それぞれの共通点や相違点も考えながら深めていく協働的な学びの場で、その場を子供たち自身に進めさせていこうとしています。しかし、十分に深めるには詳細に伝え合うことが必要なため、まず司会者に対して発表をさせ、必要な事項を甫仮教諭が追加質問で確認することによって、見本を見せてから任せています。

[＊4] 個
　あくまで個の意識したことを問う場ですが、他者と簡単に話し合うことで、より個の意見が際立ち、明確になるため、後の全体での対話もスムーズになっていきます。

古町スイーツ プロジェクト

授業者 新潟市立新潟小学校　小川雅裕 教諭

■ 単元の構想

❶ 単元目標

　新潟市の古町ならではの魅力をお菓子に表現し、それを広めていく活動を通して、お菓子作りに携わる職人さんの知恵や仕事に対する姿勢や、古町の活性化に尽力する方々の町を大切にする思いに気付き、地域の一員として自分たちが住む町のためにできることは何かを考え、行動しようとする。

❷ 育成する資質・能力

知識・技能	思考力・判断力・表現力等	主体的に学習に取り組む態度
①地域で起きている人口減少の現状と、地域経済の消費動向の変化によって、商店街を利用する人数が減っている状況に気付いている。	①まちづくりに携わる方々へのインタビューから、商店街を取り巻く状況をつかみ、商店街の活性化のための課題や必要な取組について、見通しをもっている。	①地域の魅力を表現したお菓子の開発を通して、お菓子作りに携わる職人の方々と関わりながら、地域ならではの魅力が食べた方に伝わる方法を追究し続けようとする。
②地域の特徴を生かしたお菓子を作る活動を通して、自分たちが住むまちならではの魅力があることや、それらは地域の人々によって大切に守られてきたことを理解している。	②まちの特徴を歴史・建物・催し物・人の視点で分類した上で、自分たちが暮らす地域ならではのこと・ものという条件で比較することで、販売するお菓子のデザインを決定している。	②地域の魅力が伝わる商品作りを目指して、友達や職人と食材選択のための話合いを繰り返し行い、より良い商品を作り、広めようとする。
③変化する社会の状況に合わせて、商店街の活性化を目指す取組があることや地域全体が関わりをもち、活動を継続することに意味があることを理解している。	③アンケートで収集した情報を基に、自分たちが商品化したお菓子の課題を明らかにして、地域の活性化を目指した活動を継続していくための改善点をプレゼンテーションにまとめている。	③地域の魅力を表現したお菓子を発信することで、商店街の活性化に役立つことができた自分自身に気付き、地域の一員としてまちの活性化のために継続してできることを考え続けようとする。

❸ 単元構想過程

　子供たち自身が、自分たちはどんな力を付けるため、どんなことを探究するかについて自ら考えるために、小川教諭は総合学習のイメージを共有することからスタートした、と話します。

　「まず、いくつかの視点を示した上で、私も制作に関わったNHKの総合学習に関する番組『総合学習はどんな学習か』について、子供たちが語り合うところからスタートしました。それによって『町の課題を解決する学習』『みんなで協力しなければならない』『繰り返し対象と関わることが必要』と、総合で大切にすべきポイントを共有しました。

　その上で、本校では毎年4年生が地元古町の活性化のため、『古町スイーツ』の創作、販売を行っているのですが、先のような視点で、『古町スイーツ』をチェックし直した上で、それは探究する価値があるものとして子供たちが納得して選択し、取り組み始めることにしました。

　単元の実践過程で、どんなお店に行くかなど、細かい部分は子供の考えに沿って変えることもあります。一方、事前にかなり子供の反応も見越して想定しておき、単元の中で、細かい所はどこを通ったとしても、必ず子供たちが通る通過点のようなポイントを作っておいて、押さえるようにしています。もちろん、それを必ず通るように私が強いるという意味ではなく、間接的な指導を通してそうなるように子供と相談しながら進めていくのです。

　例えば本時を含む4次なら、事前のイベントで書かれたアンケートを読み解いていくと、「もっと続けてほしい」というような、効果に関する言及が出てくるよう、関係者の方、消費者の方へのアンケート依頼も事前にしておきます。もちろん今回で言えば、私が頼んでいないところからも、「こうした取組の効果は一時的ですよね」といった内容のアンケートが返ってきています。そういう意見に触れる体験をすると、子供たちも自身の取組の限界性に気付くわけです。当初はスイーツ作りと考えていたけど、町づくりと考えたら持続性が必要で…というように、必ず気付くべき価値や通るべき通過点が考えられます。

　それを私が「町づくりは一過性のイベントではダメなんだよ」と直接的に指導するのではなく、イベント実施の体験とそこでのアンケートに触れることを通し、子供が自覚的に気付き、自分たちの活動の意味をふり返るとともに、町づくりの概念を見直し、拡張していけるようにします。

　60時間の年間指導（大単元）であれば、12～13時間前後のいくつかのユニットで構成していくわけですが、そのユニットの中で、必ず1箇所はそのようなチェックポイントを通るような設計をしています。60時間という限られた時間の中で、子供の願いも叶えたいし、教師の願いも叶えたい。その中庸を行くために通過ポイントを設けることで、子供たちも主体的に追究しつつ、目指す資質・能力の育成も実現するわけです」

〈小川教諭による作成資料〉

小単元の学習課題（時数）	○学習活動　　期待する変容	知	思	態	●関連する教科等
1 私たちが地域のまちのためにできることは何だろう（10時間）	○これまでの総合的な学習の時間を振り返り、総合的な学習の時間の学び方をつかむ。 ○身の回りの疑問や問題に感じていることを出し合い、地域のためにできることを見付ける。 ○集めた情報をもとに何ができるかを話合い、これからの活動を考える。 これまでの総合を振り返って、地域のよさを生かした活動することの大切さが分かった。今年は、地域の方と力を合わせて、この地域のためになる活動に取り組んでみたい。		①		●エックスチャートを用いて季節で感じたことを整理した経験を想起して、映像資料を視聴し、感じ取った総合で大切にしたいことを4つの観点で整理する。国語「季節の言葉」
2 古町を元気にするためにできることは何だろう（10時間）	○自分たちが暮らす地域が抱える課題や取組を知るために、まちづくり株式会社や商店街でお店を営む方から、地域の活性化に携わる立場として把握している地域の現状や取組を伺う。 ○集めた情報から、今後自分たちが解決すべき課題とその解決方法を決める。 ○地域の特徴を表現したお菓子で古町の魅力を伝え、地域を活性化するために何をどんな順序で行うべきなのかを決める。 古町を利用する人数が減り、昔に比べて活気がなくなってきていることが分かった。古町のよさをお菓子で表現して、よさを発信することで、古町に来たいと思ってもらえる活動をした。		①	①	●折れ線グラフの傾きに着目して、変化を読み取った経験を想起して、中央区の人口の増減を読み取る。算数「変わり方がわかりやすいグラフを調べよう」
3 古町ならでは魅力のつまった古町スイーツを開発しよう（20時間）	○まちづくり会社から紹介していただいた店主にインタビューを行い、商品開発の手順や洋菓子と和菓子の違い、お菓子作りで大切にすることについて話を伺う。 ○古町ならではの魅力を見つけるという目的をもって、まち探検やアンケート調査を実施する。 ○自分たちがお菓子で表現したい古町の魅力を「古町らしさ」、「お菓子としての実現可能性」という2つの条件で比較し、選択する。 ○自分たちが考案したお菓子を協力してくださる店舗の開発担当の方と協議し、決定する。 ○ピラミッドチャートで絞り込んだお菓子の名前について、メリ・デメ表を用いて、それぞれの名前で伝えることのできる魅力を比較する。 自分たちがお菓子で表現したい古町ならではの魅力は、「人と人とのつながり」「まちの歴史」なんだ。一緒に開発してくださる職人さんたちのすごい技や知識のおかげで、このよさをお菓子として表現できている。このお菓子でまちのよさを広めていきたい。	②	②		●学級集会で行う遊びを決める際に用いたピラミッドチャートを活用し、「簡潔さ」「伝わりやすさ」の2つ条件で活動内容を比較する。特別活動「学級集会をしよう」
4 古町スイーツプロジェクトを実施しよう（10時間）	○「古町スイーツプロジェクト」の計画（プログラム・役割分担等）を立てる。 ○古町スイーツの試食、試作を行い、これからの宣伝のためにお菓子の特徴を「味・見た目・ストーリー」という視点でまとめる。 ○クラスで各プロジェクト（PR係・リーフレット係・ポスター係・接客係など）の分担を行い、それぞれの準備を進める。プレ発表を行い、各プロジェクト単位で修正点を見つけ、計画の見直しを行う。 ○古町スイーツ発表会を実施する。参加していただいた方に、活動内容に関わるアンケートを書いていただく。 プロジェクトを成功させるためには、責任をもって役割をそれぞれが果たすことが大切だ。自分たちだけではなく、支えてくださる地域の方々がいることで古町スイーツ発表会を開催できた。		②		●アンケート調査を行う際のポイントを想起し、記述式の項目と選択式の項目を組み合わせたアンケートを作成する。国語「アンケート調査の仕方」
5 古町を盛り上げる活動を続けるために（10時間）	○アンケートをもとに、古町スイーツによって、古町のよさを伝えることができたかを話し合い、これからの自分たちの活動の方向を定める。＜本時＞ ○まちづくり株式会社、商店街の店主の方々と共に、持続可能な活動の存続の仕方について話し合う。 ○2回目の販売活動を行うことで、古町スイーツをもとに「古町の現状」「まちのつながりの大切さ」を地域に発信する。 ○これまでの活動を振り返り、これからの自分が地域で続けていくことについて考え、伝え合う。 古町が抱える問題は、すぐには解決することができない。まちで暮らす方々同士がつながることや古町スイーツを継続することが大切だ。地域のみんなで協力し続ける仕組みを作る必要がある。今後も自分にできることを続けていきたい。		③	③ ③	●これまで実施して分かった地域の現在の状況や、地域の特色、今後の願いについて表やグラフなどの資料を見せながら、聞く人に分かりやすく話す。国語「調べて話そう、生活調査隊」

■ 単元の流れ（単元修正過程も含む）全60時間

1次 | **全10時間**

　まず小川教諭が与えた視点を意識しながら、NHKの総合学習に関する番組を見た上で、総合学習とはどのような学習か語り合うことで、学習のイメージを共有することからスタート。その上で、身の回りの疑問や問題を語り合い、地域のためにできることを見付けていきます。そこから集めた情報を基に、自分たちに何ができるかを話し合っていきます。このときに小川教諭は「例年、古町スイーツに取り組んでいるが、自分たちが本当にやりたいと思って選択することが重要」と、子供たちの自主性に任せることを明言しました。

2次 | **全10時間**

　ここでは、町に出かけて歩くことで古町に「人がいない」ことを改めて実感するとともに、町が抱える課題を捉えるため、町づくりに関わる人々や商店街の方から、地域の現状や取組について話を聞き、何をするのか考えていきます。その過程で集めた情報を基に、自分たちができることを考え、最終的に「古町スイーツ」の製作や販売を、子供たちが自らの主体的な意思で選択し、取り組むことになっていきます。

3次 | **全20時間**

　ここでは、子供たちは地域へのインタビューやアンケートも行いながら、どのようなお菓子を作っていくかを考え、最終的には商店街の高い屋根のモールを象徴する羊羹と北前船を表現したどら焼きにすることに決定していきます。羊羹についての話合いでは、「古町商店街では町全体に高い屋根を作ることで、お客さんが濡れずに町を歩いて買い物ができるようにしています。この町の心遣いを象徴する高い屋根をお菓子にしようという話になったとき、それをモールと呼ぶか、アーケードと呼ぶかという場面もつくりました。そこで、モールは屋根のある町を表し、アーケードは長い屋根を表すことなどを考えながら、町の人の思いを象徴する古町モールを子供たちが選択しました」と小川教諭。

4次 | **全10時間**

　ここではお菓子を具体的に決定し、地域内の７店舗で販売をするイベントを実施します。子供たちは事前にお菓子の職人さんと打ち合わせをし、試食会を経て、ブラッシュアップしたものをイベントで販売する商品として決定していきました。実際に販売するイベントの場面では、商店街の方だけでなく、お菓子を買い求められた方々にもアンケートを実施し、ふり返りの学習につなげています。

5次 | **全10時間**（後出の授業実践レポートは３時）

　ここではイベントでの販売後、実践をふり返るとともに、２回目のイベントを実施し、最終的に年間の活動全体をふり返っていきます。本時は、関係のお店の方の声やイベント参加者のアンケートを基に、できたこと（成果）を２時間でふり返った後、課題と改善点について意見を出し合い、対話していく場面です。

授業実践レポート ▶▶▶

単元をどれだけ多面的に捉え直し、概念を拡張していけるかということが重要

　これはイベント実施後、実施状況を各自がP（plus：できたこと）、M（minus：課題）、I（improvement：改善点）の３点でふり返り、Pについて意見を出し合った後の授業です。MとIについて対話し深めていくもので、小川教諭はこの授業のねらいについて次のように話します。

　「古町スイーツというイベントを町で行うことの価値と共に、限界性について押さえることがこの場面の基本的なねらいです。そのために、イベント時には、購入者アンケートを取っただけでなく、お店の方々にもお手紙（メール）をお願いしていますし、町づくりを俯瞰できる立場の方にも意見をいただいてきています。その読み取りと分析に３時間ほどの時間を取り、そこから、まず前時に実践を通して実現できたことを話し合った後、課題と改善策について意見を出しながら対話していくのが本時です」 ※1

課題と改善点を見付ける授業

子供（以下、C） 前回は古町の魅力が伝わったかということで、Pについてやりました。今回はMとIをやっていきます。

小川教諭（以下、T） ちょっと確認させてもらっていいかな？ （ここから、MとIをどのような手順で出し合って整理するか、子供たちに投げかける小川教諭）

C1 MとIを出していくんだけど、Iが思い付かなくて出てない人のは、みんなで考えていくように発表をしていく。 ※2

T MとIで、もちろんMだけでもOK？ （うなずくC1）

C2 なるべくMとIで発表してMが思い付かない人がいたら、みんなで考えたらいい。

C3 ごちゃ混ぜに発表したほうが、「さっきの○○さんの意見は、こうしたほうがいいんじゃない」と言えるから、混ぜこぜに出していったほうがいい。

C4 Iだけ言われると、何のことだかよく分からない。

C5 だからMとIを出して、Mだけでも出して、思い付いたらIを出せばいい。

T とにかくセットで出していって、Iは見付けられなければ、Mだけ出しておいて、後でみんなでIを出したらいいってことでよいかな。（全員同意）じゃあ、早速MとIを出していきましょう。（手元のイベント参加者のアンケート資料や関連店舗や関係会社のメール類、さらに自分のメモを見ながら発表していく子供たち）

アンケートや手紙など大量の紙資料を基に話し合う

C6 店舗Yの…ご本人の手紙なんだけど…。

●本文中の「＊数字」は各実践例末尾のコラムをご参照ください。
　⑭とは「個別最適な学び」、㊗とは「協働的な学び」を象徴する場面であることを指します。

予想される子どもの活動と反応	★評価規準　☆手だて

<前時まで>P（できた）ことについて、アンケートを根拠に互いの考えを伝え合っている。

「古町スイーツ」の目標を達成することはできたのか？

①M（課題）とI（改善点）の結果を伝え合い，改善点を選択する

P（できた）	M（課題） 〜本時ここから〜	I（改善点）
<伝わった> ◎北前船の歴史が伝わった。 ◎古町モールのよさを伝えることができた。 <行ってみたい> ◎調べてみたいと思ってもらえた。 ◎実際に行ってみたいと思ってもらえた <活気が戻る> ◎たくさんの人が買いにきた。	<思い・願い> △行ってみたいという思いをもつところまではなかなか難しい。 <続けること> △売った時は、たくさんの人が来てくれる。 △今回、限りになってしまうこと。ずっとは続けられない。	◆思い・願いをしっかりとしおりやポスターももっと分かりやすく書く。 ◆イベントで終わらないための解決策が見つからない・・

どうしたら、イベントで終わらずにずっとまちに活気を戻すことができるんだろう？そもそも、2回目の販売はやった方がいいのかな？

②2回目の販売を行うべきなのか、それぞれのメリット・デメリットを比較する。

発問：これからもまちがずっと活気付いていくために、2回目の販売をすべきなのかな？

2回目の販売は行うべきなのか

【行う】	【行わない】
○商品・宣伝の改善をすることができる。 ○また、それぞれのお店に行ってもらうことができる。 △商品だけでは伝わらないこともある。 △その場限りになってしまう。	○思い・願いをメインで伝える別の方法に変えていく。 ○お店自体のよいところを伝える活動をメインにする。 △商品や宣伝の改善ができない。 △店主さんたちの思いに応えられない。

販売は行う！！
<販売＋お店のよさを伝える方法>を考えていく

③話し合って考えたことをもとに，新たに気付いたことや今日の学びの意味について振り返りにまとめる。

活気が戻るっていうことは，外からのお客さんが来ることだけではなさそうだ。住んでいる人たちがまちの素敵を再認識して、お店に繰り返し行くことも、十分に活気があると言える。だから、販売と一緒に、お店自体を紹介して、何度も行ってもらいたい。

<次時>もう一度、一人一人がどんな改善策を行うべきかを考える時間をとる。

☆子どもがそれぞれの立場を意識しながら，話合いに参加することができるように，発表された意見について「できた」，「課題」「改善点」に分けて板書する。

☆黒板で子どもの発言を整理する際に，多くの子どもたちが重要だと感じている事実を可視化するために，発言が多い部分については，アンダーライン等で強調して表すようにする。

☆「そもそも販売をもう一度すべきかどうか迷っている」という趣旨の発言を取り上げ、「2回目の販売を行うべきなのか」をグループで話し合う時間をとる。

☆スイーツ販売を「行う」場合，「行わない」場合のそれぞれの効果を比較することができるように，3人でメリ・デメ表を活用して話し合う時間をとる。

☆解決策のヒントを得ることができるように，アンケートを改めて読む時間をとる。

★「行う」場合と「行わない」場合で伝えることのできる内容を比較し，両方の良さを生かし，その場限りにならない方法に気付くことができている。
【発言・学習カード】

参考となるアンケートやメールを引用しながら、自分の考えを述べる子供たち。

T　ご本人の手紙。みんなも出せる？

（手元の大量のアンケートや聞き取り、手紙など、資料の中から探す子供たち）

C6　店舗Yの（資料番号の）③で、「2日間だけではありましたが…」ってあるんだけど、裏を返せば「2日間しか来なくて」ってことだから、「2日間だけじゃなくて、もっと長かったら嬉しかった」ってことだと思う。

T　これ（2日間だけ）を課題と捉えているってこと？　おもしろいね。

C7　それについて、2日間だけだから、ず～っと現状維持にはならないってこと。

C8　イベントのときは人が集まるけど、毎日は活気がないってことじゃない？

C9　イベントは2日間しかないから、逆にスペシャルだったのが、毎日だと普通になるから人が集まらなくなるし、短い期間だけの販売だと、期間以外の販売が増えない。

T　今の伝わった？　毎日売り続けるとどうなるって？

C9　スペシャル感がなくなる。

C　「毎日だと人は集まるけど…」「毎日だと飽きる」 ＊3

C9　だから、改善点が見付からない。

C10　店舗SのSさんのお手紙③の1番にあるけど…結局、日常の、古町スイーツのイベントがないときは、人があんまりいない。

T　だけど、私たちがイベントをやったときは？

C10　人が来てたんだけど、イベントが終わるとまた日常に戻る。

C11　店舗Yの、資料21のところなんだけど…。

　（意見を聞く子供たちが大量の紙資料をバサバサとめくって、資料を探す音）

T　デジタルのほうが見やすい可能性があるので、タブレットを出して。紙のほうが見やすいって人は紙でいいからね。では続きをどうぞ。

C11　店舗Yのアンケートに、「期間限定の活動なのが残念です」って書いてあったので、その日だけ活気があったみたいな感じだったから、改善点は「毎日イベントをする」と考えていたんですけど、飽きるし、よさもないからむずかしいかなと思います。

C　「スペシャル感がなくなるしね」「でも利益は出る」

C12　毎日イベントがあると…例えば運動会は1年に1回だから、「待ちに待った運動会」みたいな感じだけど、毎日毎日運動会があっても楽しくないから。

C　「スペシャル感がない」「確かに」「楽しくない」

C13　スペシャルが毎日あっても、自分は楽しい。

C14　C10やC11の話につながることだけど、期間限定じゃなければ、活気は徐々に戻っ

てくるんじゃないかなと。

T　期間限定にしなければいい？

C14　期間限定じゃなくて毎日イベントだと、やっぱりお店も大変だから、まずはいろんな人に古町のことをちゃんと知ってもらうことが必要じゃないかな。

C15　店舗Rのアンケートの16番に、「欲を言えば、これからもこういう町を元気付ける活動が続けばよい。今回のイベントで終わらずに、住んでいる人たちに…お店自体に通ってもらうことが大事だと思う」とあって、「元気付ける活動が続くとよい」のだから、ちゃんと活気が戻ったとは言えないと思う。イベントを毎日しても、毎日は来られないわけだから、1か月に1回くらいやるといいんじゃないかと思う。

C16　R店やS店に（イベントのお菓子を）買いに行くじゃないですか。それで「このお店おいしいな」と思う人もいて、また買いに行く可能性も高い。それで行く途中に古町を通って人通りが増えれば、活気も増えるんじゃないかと思います。

「イベントは限界がある」

T　改めて確認したいんだけど、魅力が伝わったかについては、伝わりましたって言っているよね。行きたい、見たい、に関してももう十分なんだよね。それで、ここで改めて私たちが目標としていることを言葉にしてもらうと、どういう目標になるの？

C17　イベントがあるからじゃなくて、普段から活気がある町。全盛期よりも。

T　普段から活気が戻る。そこまで狙っちゃう？　みんなもこの目標で大丈夫？

C多数　はい。

C18　毎日だとスペシャル感がなくなっちゃうから、1年に1回だとちょっと少ないから、月に1回とか…古町の魅力を伝える（次の）イベントをやるといい。

T　今、2次販売の話が出てたけど、2次販売は皆さんとしてはどう？

C19　PMIが全部終わって、そこから考えることだから、まだやらないでいい。

C20　Kさんからのメー

子供の意見に同意したり、問いを投げたりしていく小川教諭。

ルで、「…それぞれの店主の皆さんは2回目の販売をぜひ…クラスでも2回目の販売について、前向きに考えてみてください」とあります。

T　ということは、C20さんはどう考えているの？

C20　私たちがただやりたいと言っているんじゃなくて、店主の方たちも協力的というか前向きに考えているのだから、私たちも前向きに考えて…。

C21　「ぜひ」だから「絶対」とは言っていないし、2回目の内容では何を伝えるのか、活

気を戻すためにやるのか、確認してからやらないと…。

C22　私たちの目標って、普段から活気が戻ることだと思うんですけど…2日間だけでは、普段から活気が戻るのには遠いかなと思います。

C23　方向的なことについてなんですけど、C24さんの意見で…。

T　C24さんは今日、お休みだからC23さんが託されているんですね。

C23　「イベントは限界が絶対にいつかは来るから、活気について話してみて、もし方向性が見えてきたらやることも分かってくるから、活気について話してみたらいい」

T　皆さんは「問題だ」と感じていて、C24さんは「イベントは限界がある」と表現しているんです。どんな限界があるんでしょうか？　話し合ってみてください。　*4

（小川教諭の指示に沿って3人グループで集まり、約3分間、意見を出し合います）

「毎日イベントを開催するのではダメ」

　3人で話し合った内容について、小川教諭は意見を求めます。

C25　私たちが活動できても、店員さんも自分のお店があって負担になるし、毎日やっているとスペシャル感がなくなる。

C26　私たちの班は2つ考えたんですけど、1つはイベントは伝わる限界、人を集める限界があるってこと。それから、イベントが終わって人が留まる限界。

T　今の人が留まる限界ってところ、もう少し聞かせて。

C26　イベントで、古町に来たいと思う人はいるかもしれないけど、逆

自分たちが行ったようなイベントの限界性について、3人で対話する子供たち。

に言えば、イベントが終わったら「もういいや」と思う人もいるから、そういう限界があって、日常のときにそのままずーっと人がいるのか、ということ。

T　本当は私たちは日常・活気を戻したいんだけど、イベントのときだけってことか。

C27　今回は2日だけだったからいいけど、徹夜して作っているって（お菓子屋さんの子供の）C28さんから聞いたし、作るのも大変だから値段もまあまあ高くなるって。

C28　練り切りとか型を抜いたり、いろいろな種類があるから…。労働の大変さもあるし、続けると飽きて買わなくなる。

T　イベントは、やり続けると飽きが来る？

C29　だけどスイーツの形を変えるのは、時間がないからむずかしい。

T　第2次に向けて新しいのを作る時間はないってことね。

C30　1か月1回、同じイベントをやっても飽きられるし、万代（繁華街）は別のことを

やり出すだろうから、「万代のほうがおもしろそう」ってなる。そもそも私たちは、普段から活気が戻ることを意識しているんだから、イベントで活気が戻るのではダメ。目標は普段から行ってもらうことだから、毎日イベントを開催するのではダメ。

C31　イベントでインパクトを与えて、普段から行ってもらえるようにしたら？

T　ちょっと、こちらを見てください。自分たちの活動を見直しているわけですよね。実際にイベントをしてみて、（来場者の）アンケートの評価もとってもよかったわけです。実際に当日もすごく賑わったし、ちなみに店舗Rさんは何個売れたんだっけ。

C多数　340個。

T　爆発的な売り上げです。当日、かなり手応えがあったし、そういうアンケートも返ってきています。それで魅力も伝わったし、来たいと思ってくれたんじゃないかな？

C32　でも、今の5年生も（前年度）イベントをやっていて同じようなアンケートが返ってきてるんだけど、今、活気が戻っていないわけです。

「古町に住んでいる人が、町のことを大切に思うことも活気」

T　ちなみに、皆さんは活気があるってどういうイメージ？（文字を図式化して板書をしながら）ここに古町があるとしながら、人が…。

C多数　人が集まる。いっぱいいる。

T　人が集まる…こういうイメージだね。C23さん。ここで改めて、さっきのC24さんの意見を（電子黒板に）写してもらえるかな。キーワードがいくつか出てきています。私たちも活気について話してきているけど、活気があるってどういうことかな？

C33　活気があるっていうのは、イベントに関係なく普段から人がいる。

C34　人がいただけじゃ、活気があるとは言わないんじゃないかな。例えば古町に住んでいる人が、「古町っていい町だな」と思うことも活気につながるんじゃないかな。

T　今の話、（アンケート類の）どこかになかったかな？

C35　Kさんが「元々近くに住んでいる方が、それぞれのお店や古町の魅力を再発見して、また行きたいと思うことが町の活気が続いていく大切なポイントだと思う」と。

T　私たちはこれまでイベントをやってきたわけです。このイベントの一番大きな目的は何をするかというと…。

C多数　「古町の活気を取り戻す」

T　それで、イメージとしては人を古町に入れたかったわけです。だけど、今までの話を聞いていると、イベントと呼ばれるものには限界があると。C23さんの意見にもあった「活気」についての皆さんのイメージにズレがあるのではないかと思うんです。

C36　（今日休みの）C24さんが話していた意見のメモを読んでもいいですか。

T　はい、どうぞ。

C36　「店舗Yさんのアンケートを読んでみて、元々古町に住んでいる人が、古町をもっと大切に思ってくれるのも活気と言えるんじゃないかなと思って。そのためには、古町の外からじゃなくて、古町の中の人が盛り上がるイベントを開催しなければいけない」と。そうすれば、同時に外の人も「あっ、いいな」と思って、来るかもしれない。

T　新しい活気のイメージが、Kさんのお手紙の中にも、アンケートの中にもあると。では皆さん、また3人になって活気のイメージについて話してみましょう。

（一気に机を並べ替え、ホワイトボードを用意して準備を始める子供たち）

T 文章とか絵とか、ウェビングとかどれがやりやすいかな？ お任せします。

（約6分間、熱心に対話する子供たち。小川教諭も机間を回り、子供たちの考えを聞いたり、問い返したりしていきます。授業時間も残りわずかになったところで、新たな活気のイメージができているC37に意見はヒントになりそうと、指名する小川教諭）

情報端末も上手に活用し、根拠を明確にして語る子供たち。

C37 1つ目のイメージは、外の人が来る今までの活気。（電子黒板に表示）

T これが従来のイメージだね。

C37 でも、もう1つは（古町の）中の人が盛り上がる。中でイベントが開催されたとすると、中の人が盛り上がるから、外の人が入ってきて盛り上がってくる。

T 何でもかんでも、外からではないってことね。

C38 中の人、古町に元々住んでいる人が、古町のことを大切に思ってくれることも活気と言う。

C39 人がいても、シーンとしていたら活気があるとは言えないから。

T ごめんなさい。もう時間です。

C 「えーっ」「次の時間もやろう」

今日、考えたことを記録するように話して、小川教諭は授業を終えました。

教師は子供が問題解決するための道具を準備する

後日、小川教諭はこの授業について次のように話してくれました。

「この授業では、当初目指していた『活気』のイメージを拡張するところまで行くことができきました。総合学習はこうした場面を生み出せるかどうかが重要です。自分たちが学習対象としているもの、この単元では『町づくり』をどれだけ多面的に捉え直し、概念を拡張していけるかということです。この授業で言えば、『町の活気』とは人が外から入ってくることで生まれると思っていたのだけれど、そうではなくて、中にいる人たちがつながり合っていくことが『町づくり』なんだと理解していったわけです。

実は、現代の町づくりに本当に取り組んでいる方に取材すると、町づくりの本質は『住んでいる方たちの笑顔』や『住んでいる方たちの連携性』というところに着地するのです。結局、持続していくというのはそういうことですからね。この授業では、そこまで子供たち自身が深めていくことができたと思います。

もちろん、このように対象とする概念を拡張していく過程では、私も事前準備をしますし、授業中も意見を出していきます。ただし、意見を出すと言っても私も探究する仲間の1人と

して参加するわけです。ですから、私から提案したことが、子供たちに却下されてしまうこともありますし、そうできるような形で意見を出しています。

　ちなみに、この授業での対話の素材となった購入者へのアンケートは、当初は子供たちの間から、『古町モールのイメージがお菓子で伝わったか？』『古町モールに行きたくなったか？』という項目で進めようと話が進みました。その後、『町は活気付いたのか』という視点の項目も追加されたのですが。それは私が出したものではありません。１人の子供が、項目決定直前に、『私たちは町を活気付けるために行うのだから、活気付いたかどうか聞くことも必要』と言い出したのです。そこから、子供たちも納得し、購入者ではなく、お店の方や町づくり株式会社に聞くことになっていきました。

　子供たちにはそれくらい考え、判断し、実行していく力があるのです。ただ、そう考えていくための十分な素材を与えることが肝要です。思考するために必要な情報が潤沢に手渡され、それを処理するプロセスが理解できていること。それに加えて教師のビジョンがあれば、子供たちは、どこまでも深く考えられるのだと思います」

　実際にこの授業でも、子供たち一人一人が対話していく場面で、自分たちは何のためにこの取組をし、対話をしているのかがよく理解できていると感じられる場面が多く見られました。それについて、小川教諭は次のように話します。

「ビジネスにおいては、顧客のニーズを基に業務改善を図るデザイン思考と共に、新たな価値を生み出すアート思考も重視されています。そのような思考を行うためには、全リソースの５割以上を最初の課題設定に割くのです。どこに問題の所在があり、そこにどうアクセスするかにこそ力をかけるわけです。それは、総合学習も同じで、最初はていねいにやっていくことが必要です。そこで課題が設定されたら、教師は子供が問題解決を成し遂げるための道具（例えば思考ツールなど）を準備しておいてあげるということです。

　その上で今日の授業であれば、前半の対話の中で子供たちの状況を俯瞰し、『活気』ということを深掘りしなければ、この先の活動に限界が来てしまうという見極めをしたわけです。それこそが授業の中における教師の大事な仕事なのだと思っています」

(*1)(個)
　この授業に入る前の段階で、イベントの過程で取ったアンケートや関係者の手紙を各自が持ち、分析を加えています。こうした個別の学習にじっくり時間をかけているからこそ、この先の協働的に対話しながら学びを深めていく場面も活性化します。

(*2)(協)
　ＭやＩは個別の学習で考えたものですが、自然に対話しながら協働的に補い合って深めていくことを子供たちは選択します。

(*3)(協)
　この授業では、子供たちは挙手なしで考えたことをどんどん積極的につぶやいています。そうすることで、多くの子が意見を出しやすい雰囲気が醸成されていますし、またこうした意見の中から、気になる言葉を小川教諭が拾い出し、対話の俎上に上げることで、協働的な議論の場がより深いものになっていきます。

(*4)(協)
　この場面で「活気」というキーワードが出され、小川教諭はそれを拾い上げて、初めて３人組のグループを作らせ、対話をさせています。これこそ、この授業の中で対話を通して、協働的に学んで深めるべきことだという意図が見えます。

にいがた大フィールド
～生き物のためにできること

授業者 新潟大学附属新潟小学校 **本間大樹** 教諭

■ 単元の構想

❶ 単元目標

　不確実性の高い社会において、正解が存在するかどうか分からない課題に意欲的に取り組み、試行錯誤しながら答えをつくり出していくには、探究を自分で進めていくことのできる方法を獲得することが必要となります。そこで本単元では、子供が自分で探究を進めていく力を身に付けることを目指します。

❷ 育成する資質・能力

【知識及び技能】
- 課題設定の仕方や情報の集め方など、探究学習を進めていく方法を理解している。
- 自己探究学習ガイドブック（本単元用に作成したもの）を活用しながら、探究学習を進めることができる。

【思考力・判断力・表現力等】
- 設定した課題について、様々な解決方法を考えることができる。
- 異なる視点を交えて自分が考えていることは適切なのか、自分の判断を見直してよりよい考えにすることができる。

【学びに向かう力、人間性等】
- 設定した課題についての答えをつくり出そうとしている。
- 課題解決に向けて、チームのメンバーや専門家と協働して活動しようとしている。

❸ 単元構想過程

　子供たちは、身近な生き物について調査することから年間の探究をスタート。そこから、生き物やその周りの自然環境と人との関わりなどについて専門家と交流しながら学びを深めた後、生き物がすみやすくなる自然環境にするにはどうすればよいかを考え、実際にそのためのプロジェクト活動を構想し、実施していきます。50時間かけ、学習

全体で生き物や自然に関わる探究を行います。その後20時間は、「自己探究学習」と題して、子供たち一人一人が興味・関心のあるテーマを決め、同様のテーマをもつ子供同士でチームを結成し探究していきます。そして明らかにした課題について、プロジェクトを立ち上げて実施し、自己探究学習を進めていきます、と本間教諭は話します。

「これまでの私の総合学習における実践では、教師がコーディネートをして、子供たちに問いかけたり、方向付けをしたりすることによって、子供は探究のプロセスを進めていたと思います。子供の問いや思いに焦点化し、集団検討を経て学習の方向性を合意形成していく、一つの学習の進め方ではあります。

その一方で、教師が学習の計画を立てているため、一人一人の子供が、そのときどきに生まれた自らの問いや思いに応じて、自分で探究を進めることができる状況をつくることにはむずかしさがあったと思います。つまり、教師のコーディネートで探究のプロセスを経験する学習となっており、一人一人の子供にとって自分で探究する学習になっていなかったのではないかと考えます。これでは、探究のプロセスを経験して理解することはできても、探究のプロセスを自分で進める力は十分に育まれないのではないでしょうか」

そこで、1年間の探究の最後に20時間をかけ、個々の興味・関心に沿ったテーマでチームを作り、自分たちで探究を進めていくような単元を構想したと本間教諭。

「自己探究学習は、『自分の好きなことや興味・関心があること、もっとみんなに知ってほしいことなどをプロジェクトとして立ち上げ、自分の責任で時間が許す限り、どこまでも進めていく学習』と言えます。

ですから、子供は調べればすぐに分かったり、最初からゴールが見えたりするものではなく、自分自身がワクワクするようなプロジェクトを立ち上げていきます。このような自己探究学習に取り組むことを提案するのは、子供にとって以下3つの価値があると考えます。

まず、プロジェクトの内容や進め方を自分で選んだり、決めたりすることで、自分で考えて行動できるようになること。次に、試行錯誤しながら最後までプロジェクトに取り組むことで、やりきる力が身に付くこと。そして、自分の興味・関心があることについて深く考えることで、新しい価値が見えてくることです。

そのような力を育むため、この自己探究学習では、子供が自分と同じような内容に興味・関心をもっている仲間と集まり、チームを結成してプロジェクトを立ち上げて学習を進めます。チームのメンバーは、リーダー、情報管理係、連絡係、計画係などの役割を担いながら、自分たちが作成した計画を基に探究のプロジェクトを進めていくのです。

このようなチームで、各メンバーがもっと深く知りたいことや明らかにしたいことを課題に設定し、自分たちで情報を集め、その情報を基に思考しながら、全力で成果を出すことを目指していきます。その過程で、自分たちの選択や判断を基に探究のプロセスを進め、経験していくのです。このように、本単元では、この自己探究学習そのものを教材とすることで、目指す『育成する資質・能力』の形成を図っていきます」

5年 総合

5学年虹の輪 指導計画 全70時間

小単元		時	学習活動	子供の姿	☆評価する対象
にいがた大フィールド50	新潟市の自然や生き物を知ろう	1—9	○専門家と新潟らしい自然環境での生き物調査を行う。（潟や松林） ・佐渡のトキや自然環境についての振り返りをする。（佐渡自然教室） ・新潟市水族館のにいがたフィールド（新潟市の自然再現エリア）で観察する。新潟市の絶滅危惧種を知る。 ・福島潟で生き物採集や観察をする。生き物の生態系や外来種について知る。	◎新潟市の自然には，どんな生き物がいるのか ・新潟市で自然や生き物が多いところはどこかな。 ・新潟には，潟や砂丘湖，田んぼ，小川，ため池があって，淡水の生き物たちがいる。 ・新潟市にも絶滅危惧種の生き物がいる。	☆記述・発話 新潟の自然環境やそこに生息する生き物について調べる。
	生き物がすみやすい自然環境を考えよう	10—20	○自然環境や生き物と人との関わりについて考える。 ・生き物の立場で，生態系や絶滅危惧種，外来種などの視点から，すみやすい自然環境について考える。 ・専門家と交流しながら考える。 ・今後の学習活動について考える ○生き物がすみやすい自然環境について考える。 ・専門家と自然環境や生き物調査を行う。	◎生き物の立場になって，自然環境について考えよう ・人の手で作った自然みたいなところも，生き物にとってはすみやすいのかもしれない。 ・絶滅危惧種や外来種についても，考えていかなければいけない。 ・新潟市の自然環境やそこにすむ生き物についてもっと詳しく調べよう。	☆記述・発話 生き物の立場で，すみやすい自然環境について考える。
	生き物のためにできることを考えよう	21—32	○生き物たちがすみやすくなる自然環境にしていくためにはどうすればよいかを考える。 ・専門家と自然環境や生き物調査を行う。 ・生き物や自然環境に関わる方々との交流を重ねる。 ○プロジェクト活動を考える。 ・目的を設定する。 ・目的に合った活動ができるように，獲得してきた情報や経験をもとに活動について考える。	◎生き物がすみやすくなる自然環境にしていくために，私たちにできることはないか ・今年の夏の気温や降水量は，絶対に生き物や自然環境に良くないと思う。地球沸騰化は，生き物も人も生きていけなくなる。 ・ぼくたちも生き物がすみやすくなるための活動をしたい。 ・附属小学校のそばの松林で何かできないかな。	☆プロジェクト活動計画書 生き物がすみやすくなる自然環境にしていくために，自分たちにできそうなことを考える。
	プロジェクト活動を実践しよう	33—50	○専門家とプロジェクト活動を実践する。 ・計画したプロジェクト活動を実践する。 ○プロジェクト活動についてのアンケート結果から，目的が達成されたのか考える。 ○学習成果発表会を開く。 ○虹の輪での学びを振り返る。	◎目的を達成するための活動を実践しよう ・このプロジェクト活動を新潟市の人に広めていきたいな。 ・一人ですぐにできる問題じゃないかもしれないけど，私たち小学生同士や，大人にも考えてもらうきっかけをつくり続けていくことが必要だと感じた。	☆活動計画書・学習成果発表 プロジェクト活動を実践し，学習成果をまとめる。
自己探究学習20		51—70	○チームの探究テーマを決める。 ・関心をもっていることを共有し合い，3〜5人の探究チームを結成する。 ・チームのメンバーと明らかにしたい課題を設定し，プロジェクトを計画する。 ○プロジェクト活動を実践する。 ・必要な情報を集めて分析し，活動を修正して実践していく。 ○学習成果発表会を開く。 ・つくり出した答えを提案する。	◎明らかにしたい課題について，自分たちなりの答えをつくりだそう ・ぼくたちにできる温暖化をおさえるアイデアはこれだ。 ・自分たちが決めた課題について，調べたり考えたりするのがおもしろかった。 ・プロジェクトを自分たちで計画して，やり遂げる力がついた。	☆活動計画書・学習成果発表 明らかにしたい課題について理解を深め，自分たちなりの答えをつくりだそうとしている。

■ 単元の流れ（単元修正過程も含む）全70時間

1次 9時間

　学校行事の佐渡島での自然体験教室を通して、子供は生き物や自然に興味をもち始める。また、現地の方々との交流を通して、トキの野生絶滅や野生復帰に向けた人の関わりについて考える。そこで1次では、学校そばの松林や水族館、福島潟などで、専門家と一緒に生き物の採集や観察を行う。子供は水辺の生き物や松林の野鳥、そのすみかについて関心を抱くとともに、人の生活の変化により新潟市でも絶滅してしまった生き物がいることを知っていく。

2次 11時間

　2次では、観察してきた生き物の中から好きなものを選択させ、その生き物がすみやすい自然環境について想像させる。自分が選んだ生き物の立場で、在来種や外来種、絶滅危惧種の問題や、生き物の生態系などを視点に、人の手が入っている自然がすみやすいのか、人の手が入っていない自然がすみやすいのかが議論の対象となっていく。

3次 12時間

　3次では、近年の異常気象や地球温暖化が与える生き物への影響を心配する子供が現実の状況の情報を集めるために、生き物やその周りの自然環境について考えながら生活している方々との交流を求めていく。交流する人々の考え方や生き方に共感し、人が生き物や自然に関わるよさもあるのだと捉えを変えていく。そして、「私たちも生き物のためになる活動がしたい」という思いを抱き、自分たちに身近な場所の生き物や自然環境について調査を重ねていく。

4次 18時間

　4次では、学校そばの松林や学校の観察池の生き物にとってすみやすい自然環境について考え、現状の問題点に着目して、それを改善しようとプロジェクトを立ち上げ、実践していく。このプロジェクト活動を通して、生き物や自然環境と人との関わりについて考えを深めていく。実際に行ったプロジェクト活動の成果と課題を踏まえ、生き物や自然環境と人との関わりについて考えたことを、学習成果発表会の場で提案する。

5次 20時間（後出の授業実践レポートは5時）

　5次では、まず今の自分が何に関心をもっているのか、どんな思いや考えをもっているのかを知る。自分と同じような内容に興味・関心をもっている仲間と集まり、探究チームを結成する。チームのメンバーとプロジェクトを立ち上げたら、目標を定めて計画し、自分たちの責任で時間が許す限りどこまでも進めていく。単元末の発表会では、明らかにしたい課題についてのつくりだした答えを提案し、専門家から評価を受ける。この5次の、明らかにしたい課題を設定していくのが本時の授業。

うまくいかないチームがあってもよい。課題を設定し直すなどの修正過程が重要

　子供は「にいがた大フィールド」で、身近な生き物や自然環境を題材に、生き物や自然環境と人との関わりについて、探究のプロセスを繰り返し経験しています。次にその経験を基に、同種の関心ごとをもつメンバーとチームを結成して、自己探究学習を進めていきますが、本時では課題を設定していくと本間教諭は話します。

「自己探究学習を進めていくにあたり、ガイドブックを用いてオリエンテーションを行い、学習の目的やゴールの姿、進め方などを確認しました。その後2時間かけて、現在の自分の関心ごとを書き出す時間をとり、3時間目は子供たちがお互いの関心ごとを共有し合い、詳しく話し合うことができる場を設定しました。その中で、子供は同じような関心ごとや関係がありそうな関心ごとをもっているメンバーに声をかけて、探究チームを結成しました。本時は各チームで明らかにしたい課題を設定していきます」

各チームでの課題づくりを進める

　環境問題、地球温暖化、宇宙、食など、同じ問題意識をもった2〜5人のチームごとに机を並べ、前時に関心ごとを書き出した模造紙を準備して、始業を待つ子供たち。本間教諭の始業の挨拶とともに、課題設定の議論を始めます。ある5人のチームは環境問題というテーマに関して、いくつか出てきていた項目を整理していました。

子供（以下、**C**）1　これ（ゴミ問題）は問いで、調べたいことでしょ。「ゴミ拾いをしたい」はやりたいことだよね。 *1

C 2　じゃあ、ここ（問い）に植物プランクトンの大量発生を入れよう。

C 3　ねえ、植物プランクトンの大量発生って、どうすれば防げるの？

C 2　そういうことを（ウェビングで）つなげて整理していけばいいんじゃない？

C 3　よし、そうしよう。ここ（植物プランクトンの発生）につなげよう。

　（この間、別の子供はネット検索で、植物プランクトンの大量発生防止を検索）

C 4　すごくむずかしい答えが出てきたよ。ダムの池の水を上下にかき混ぜ、植物プランクトンを光の…。（ダム湖の植物プランクトンの増加抑制方法を読む）

C 5　CO_2はどうする？

C 1　CO_2が増えてる原因は？

C 2　電気をつくるために燃料を…。

C 3　森林が足りないとか？　分からないけど。

C 4　やっぱり、二酸化炭素は石炭、石油、天然ガスを燃やすから発生する。

C 3　一つ気になるのは、木ってCO_2を吸ってくれるんでしょ？

> ●本文中の「＊数字」は各実践例末尾のコラムをご参照ください。
> 圖とは「個別最適な学び」、圖とは「協働的な学び」を象徴する場面であることを指します。

C5 そうだよ。一応ね。

C1 それで減らすことはできるよね。

C4 冷房の設定温度を28度にしたり、暖房を18度にしたり、日常生活を変えて。

C3 地球温暖化を減らそうと思ったら、壮大なことになるでしょ？

C2 シャワーを使う時間を短くするとか…。

C3 じゃあ、方法と手順は青で書こうね。

C2 「最低限の電気と無駄にガスを使わない」はつながってるんじゃない？

C5 CO₂と電気やガスもみんなつながっているんだよ。

（上記のように議論しながら、ウェビングで考えを広げつつ整理していく子供たち）

宇宙チームの課題をクラスで共有して考える

本間教諭（以下、T） 各チームのみなさん、ちょっとタイムをかけてください。ちょっと困っているチームがあるので、共有して考えていってもらいたいと思います。宇宙チームのメンバーが今、課題をどのようにするか考えているんです。＊2

C 「宇宙って、何をやるの？」「けっこういろんなことあるよ」「宇宙人とか」

T いくつかアイデアもあるようですが、宇宙チームのC6さん、教えてください。

C6 宇宙って、広くてあまり活動できない。何を活動すればいいか分からないから、何を課題にしようか考えています。

C 「興味はわくことだけどね」「何を活動すればいいか分からない」「調べて終わりになっちゃう」「それだと、答えが分かっていることを調べるだけになっちゃう」

T では、共感したこととか感じたことをまず話してください。

C7 宇宙で活動できればおもしろいけど、ロケットで宇宙に行くお金もな

対話しながら互いの意見（付箋）を整理し、課題設定に向かうチーム。

いし、お金があるなら、私たちの考えているような（食の問題を解決する）食堂もできるし…。実際に宇宙に行って活動して、人類で初のことを成し遂げられればいいけどね。

T 人類初を成し遂げられれば、すごいよね。C8さん、どうぞ。

C8 ちょっといい望遠鏡を買って観察すればおもしろいと思う。宇宙に行くよりも費用は抑えられるし、惑星を観察して動きを調べるのも一つの課題になると思う。

T 今、みんなが宇宙チームに共感をして、課題をこんなふうにつくったらいいかもしれないというヒントを出してくれたように思うんですよ。どういうものが課題になりそうか、視点ができることと、宇宙チームの助けになりそうなので、ちょっと今、出てきたことを確認しますね。まずC6さんは、活動できるのかって言ったよね。

C6 「広い」って言った。広くて何を活動できるのかって。

T 広くて何を活動できるのか、って言ったんだね。それに対してC7さんは？

C7　費用がかかる。お金。マネー。

T　「費用」がかかることが、活動に関係するわけだね。それで、C8さんは？

C8　望遠鏡で惑星や星の観察をするんだったら、費用が抑えられるから活動できる。

T　望遠鏡って言ったよね。望遠鏡のような「道具」があるなら、活動できるんだね。さっきC8さんに続けて、C9さんも話そうとしていたけど、それを教えてください。

C9　天体観測もそうだし、宇宙食をつくるのもできそうかなと。

T　宇宙食のような「もの」だったら、課題になりそうなんだね。宇宙食なら、みんなも自分たちでも、できそうっていう感じがあるんだね。

C　「うん」（多数の子供たちがうなずく）

C10　宇宙食っていうと、自分たちの活動でもあるけど、宇宙へ行く人の支えになるっていうか、サポート役になるっていうのなら、いろいろ考えられそう。

T　誰かの手助けになることだったら、課題にできそうですか？

C　「なる」（うなずく子供たち）

C11　自分たちだけだとできないことでも、お願いすれば、できるかもしれないし…自分たちだけだと無理なことも、他の人と協力したらできるかもしれないし、他の人のお手伝いにもなるし、できるかもしれないから…できる範囲のことはできるし。

T　今のC11さんの言ったこと、分かった人？

C　「分からなかった」（複数のつぶやき）

T　分からなかった。ではC11さん、もう1回話してくれますか？

C11　私たちはまだ子供だから、お金とか、そういうことにも関わっていないし…。だけど周りの人たちと一緒にやったらできるかもしれないし、他の人たちと一緒にやっ

あるチームの抱えた課題を共有し、課題設定のヒントを得ていく。

たら、それが他の人たちのサポートとかにもなるんじゃないかな。

C　「ああ」「うん」（納得の声多数）

C12　自分たちにもいいし、他の人たちにもいい。

T　なるほど。（先に板書していた「他の人」や「サポート」を指しながら）この人たちにとってもいいことにつながっていくんだね。

C13　前の、前単元「にいがた大フィールド」で木を植えたり、池に（環境整備を）やったりしたのは、TさんやYさんたちの専門家の人に知識を教わってできたものだから、他の人たちとっていうのは、前（の取組）で言うTさんやYさんなのかなと思いました。

C　「確かに」（複数の納得の声）

T　一緒になって活動できるといいかなという感じですね。前の経験を踏まえると。宇

宙チームの人たちも、ちょっとどうしたらいいか、方向が見えてきたかな？

C 6　他宇宙チーム（うなずく）

（出てきた視点を基に、さらに課題設定を進めるよう話す本間教諭）

各チームに戻って課題づくりの対話を進める

　再び、各チームで課題づくりについて対話。環境問題のチームも議論を続けていきます。

C 3　ねえねえ、今、思ったんだけど、そもそも地球温暖化って二酸化炭素のせい？

C 4　主に。主にね。

C 5　それだけとも言えない…。

C 3　だから、二酸化炭素のこと（問題解決）ができなかったら、他のこともあるなら、他のことも調べてやりたいなと思って。

C 5　じゃあ、課題は最終的にどうする？

C 3　ごみ拾いはやりたい。これは入れたい。

C 1　やりたいこともこれなんでしょ？

C 5　課題が２つあって、それにつなげてやりたいことが２つある。（と現状整理）

C 1　でも、一番はこれなんじゃないの？　温暖化防止をどうやってやるか。

C 2　でも、温暖化から、温暖化防止の取組ができているわけでしょ。

C 5　じゃあ、一番上に立っているのはこれ（温暖化防止）じゃない。

C 3　ピラミッドチャートで（整理を）やるの？ ＊3

C 5　それからつながって、これとこれとこれがある。それで、そこから具体的になったことが…（と、出してきた項目の関係性を再確認して共有）

C 4　ゴミは地球温暖化とCO₂につながってるかな？

C 5　じゃあ、地球温暖化を調べて、「こういうことをしたいな」「こういう理由だから」という感じで進める？　合ってる？　（探究の手引きを見直す子供たち）

C 3　じゃあ、課題どうする？

C 5　地球温暖化を防ぐ取組をしようってことにするけど、そこからつながって…。

C 1　その中でゴミ拾いをするとか、CO₂を減らす…。

C 4　えっ、地球温暖化の４％は牛のゲップらしい。（ネット上で情報発見）

C 5　そうだよ。（以前）調べたらあった。

C 2　牛のゲップも結局、牛じゃなくて（飼っている）人間に関係してるじゃん。

C 5　そうそう。家畜が増えてきて、それでだから。

（この対話の場面に、机間を回ってきていた本間教諭が入ります）

T　４％って、けっこうすごいね。じゃあ、牛のゲップを抑えるの？（笑）

C 5　それはかわいそうすぎる（笑）。

（関連して、地球温暖化に関係するネット情報を検索し、見て伝え合う子供たち。その様子や模造紙に書かれたものを確認し、他チームへ移動していく本間教諭）

C 3　物を無駄にしない。エアコンの温度設定を…（と温暖化対策の項目を読む）

C 2　やっぱり細かな節電とかが大事。

C 1　それって、これ（具体的な取組）じゃない。

C 5　そう取組。だから取組から具体的な…。

C4　肉とか乳製品を減らすと、もっと環境への影響が抑えられる。

C5　分かった、分かった。何か（整理し直すための）他の紙が欲しい。

ロジックツリーに沿って、大きなテーマから課題までを考える

（本間教諭に申し出て新たに模造紙をもらい、整理し直し始める環境問題のチーム）

C4　課題設定が終わったから、これ（古い模造紙）をまとめていこう。

T　ここはもう課題設定されたの？　どうなったの？

C5　地球温暖化を減らす取組っていうので、大きな目標にして。

C3　その中で論理のプロセスのロジックツリーを使って、つなげていく。 ＊4

C5　その中からこれを出して、ごみ拾いとかCO_2削減とかをつなげていく。

T　ああ、細かい具体的な方法はそこにつなげていくんだね。

C5　これ（ツリーの先の枝葉）が課題、こっち（最初の1項目）が大きな課題。

C4　最終的にこっち側（ツリーの先の枝葉）が課題になるんでしょ？

C5　こっち（最初の1項目）がテーマで、そこからつながって課題がある。

T　ここ（最初の1項目）、大きなテーマなわけだね。

C4　テーマから、最終的にはこっちが課題になる。

T　なるほど、じゃあ、ここ（枝葉となる課題）まで行きたいわけですね。

（ここで付箋を用意し、ロジックツリーに沿って、大きなテーマから具体的な課題まで、項目を考えて貼り込んでいくことにする子供たち）

C4　こっちが原因で、こっちが理由。いや、原因が大きな課題か？

C3　（ツリーに沿って）課題を書いて、ゴミ拾いをする理由を考えてみようよ。

C5　川が汚れている理由でしょ。

C4　川が茶色になっている原因が、植物プランクトン。その原因はゴミ汚れ。

C2　手順とかは？

C5　手順や取組をここに書いて、（ガイドブックを読み直しながら、ロジックツリーにどのように書くべきかを考え）成果を出すための方法や手順がユニット2の4。

C1　合っているよね？　ここに（つなげて）取組を書くので。

C5　取組とか手順を、ここにつなげて書いていけばいいと思う。大丈夫かな？

C4　（具体的な取組課題は）ごみ拾い以外、何があるんだ？

C5　ごみ拾いと…川にゴミを流さないように地域の人に伝える、っていうの。それはできるんじゃない？

C3　電気自動車はどうするの？

C4　ここ（ロジックツリーを指して）に電気自動車を増やす。

C3　ここ、省エネで、カッコでシャワーをあまり使わない。

C5　エアコン。あと電気。誰もいない部屋に電気ついていたりする。他を考えて。

C1　テレビを見る時間を減らすとか。

C5　ねえ、植物プランクトンって、どうすればいいの？

C4　植物プランクトンはダムの水流を上下にかき混ぜて…。

C2　（C2の資料を読んで）うわっ、これ無理だ。

C4　そして植物プランクトンを下層にやると、成長を抑えられるんだって。たぶん、

うちらには無理だよね。

C5　池なら（以前の取組で）植物を植えたけどさ。

C2　これは川だよ。

C5　川だから植物植えるのは変じゃない。だから水流でやるんだけど、水流をやる方法はもうできてるじゃん。後は紫外線で…。

C4　ねえ、調べてみて（取り組めそうなら）取り組む？

C3　取組って5個もあるよ。取り組むこと5個ですよ。

C1　ぎゅっとまとめればいい。

T　じゃあ、5分前になったので、途中のところもあると思いますが、記録シートに記録を残していきましょう。ロイロノートを用意して記録シートを出してください。

（タブレット端末を出して書き込む準備を始める子供たち）

T　今日、チームの課題が決まったよ、ってところは？

C　「はい」「はーい」（多数のチームが挙手します）

T　今日は多くのチームが課題を決めるところまで行ったと思いますので、課題を決めることに関わって、どん

各チームでの対話の深まりや課題の設定過程を見とっていく本間教諭。

なふうに取り組んだらどうだったか（結果）、またこの時間の活動で覚えておきたいことも理由も含めて書いてください。

（タブレットのアプリを開き、学習の進度と取組の過程を書き込んでいく子供たち）

C5　ねえ、このツール、何だったっけ？　マジックツリー？

C4　ロジックツリーだよ。

C5　ロジックツリーか（笑）。

　学習活動中の様子を対話しながら思い出し、タブレットに書き込んでいく子供たち。ちょうど5分弱で時間が来たところで挨拶をして、授業を終えました。ちなみに授業終了直後に、課題設定に悩んでいた宇宙チームに話を聞いてみたところ、「ネット検索で調べてみたら、望遠鏡を作るものがあるので、それを手に入れて望遠鏡を作ってみたり、望遠鏡で星や月などを観察してみたりしたいなと思っています」と、授業前半時よりも明るい笑顔で話してくれました。授業前半では、誰もが給食を楽しみ、食べ残しのないようにと、食のおいしさや楽しさについて考えていたチームは、「食べ物全体を楽しませるというか…、嫌いな物がある人も、楽しいとかもっと食べたいと思えるようにする方法を考える」と、より大きなテーマで誰もがどんな場所でも食を楽しみ、残食のなくなるような方法を探究すると、笑顔で話してくれたのが印象的でした。

子供は学習上、うまくいかなかったことは記録にあまり残さない

　授業後、本間教諭は授業の意図について次のように話します。

「本時は明らかにした課題は何なのかということと、課題をどう設定していくかということが分かるとよいと考えていました。そこで、『課題を設定するために何を調べたらいいんだろう』という状況や、それも決まらないから課題も決まらないという状況が見えたところで、チームではなく、全体での交流の場面を設定しました。

　ちなみに『宇宙』がテーマのチームを取り上げた理由は、テーマが非常に大きいため、何を探究していくかという課題設定の視点がいくつか出てこないと、あのままでは自分たちで課題設定をするのがむずかしいだろうと考えたからです。

　それと同時に、ここでの交流を通してつくられた課題設定の視点は、他のチームが課題を考えたり、よりブラッシュアップしたりしていく上でも関わってきます。だからこそ、子供たちからも『テーマが広い』と言われたような『宇宙』チームを取り上げて、視点をつくっていこうと考えました。ここは全体指導で考え、共有すべきこととして教師が関わる必要がある点だと判断したのです。本当にこの単元の中で、一斉に学習できる場面があるのは今日くらいまでなので、ここできちんと押さえたいと考えました」

　ちなみに全体交流の場面で、「人と一緒にやるとよい」「それは人にとってもよい」という意見が出ていますが、それは実際に１次の活動などで、複数の専門家と一緒に取り組んだ過去の学習経験が生きていて、話に出てきたのだとか。そのように事前の学習が、多くのチームの課題設定にも生きています。ただしこの授業内では、まだすべてのチームが十分に精度の高い課題を設定できている状態ではなく、この後の学習でよりシャープなものにブラッシュアップされるように考えている、と本間教諭は話します。

「次の展開では、課題を明らかにしていくために、具体的な活動を考えていくことになります。それと合わせてゴールのイメージをもつのが次の時間なのですが、そのプロジェクトを進めて、どんな成果を出したいのか、出せるのかと考えたときに、『これで行けそうだ』と思うところもあれば、『これで決めても、５年生の間の残り20時間の間に答えが出せないな』と思ったら、そのチームは課題を修正していくことになります。

　それこそ総合学習では課題を設定したのだけれど、情報を集めて分析したら、『解決すべきことはこれではない』と思うことはありますし、そうであれば、もう一度、課題

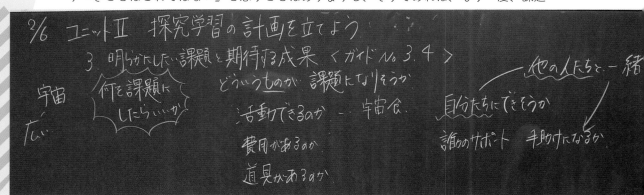

全体での協働的な学びの場面での課題設定のポイントが中心となった板書。

ロジックツリーを使いながら、課題設定に向かう環境問題チーム。

を設定し直して、まとめ・表現にまで進んでいく形もあると思います。私は、そのようにまったくうまくいかないチームがあってもよいと思っていますし、そこを修正していく過程も重要な学びだと考えています。

そのため、ふり返りのときに『探究を進めていく上で覚えておきたいこと』として、『うまくいったこと』だけでなく、『うまくいかなかったこと』についても書く欄を作り、記録できるようにしています。子供は学習を進める上で、うまくいったことは書きますが、うまくいかなかったことはあまり記録に残しません。授業の中で教師が尋ねると話すことはあっても、文字にして残すことはあまりないのです。そこで実際に行った事実を書き、その上で『うまくいったこと』『うまくいかなかったこと』を記して、子供自身が覚えておきたいこととして残すことがその後の学びにつながると考えます。

この大単元全体の最終的なレポートには、探究の仕方について学んだことについても書けると思っています。そこに、探究の進め方について、こんなふうに考えたり、こんなふうに調べたり、こんなふうにやったという方法が書かれていればよいかと思います。多くの総合学習の実践では、探究してきたテーマについてふり返りが書かれますし、もちろんテーマについての各自の納得解が書かれていることは大事なことです。しかし、同時にこの単元の大きなねらいである、探究の方法についてもしっかりふり返ることができれば、それは次の学年の学びにも生きると思っています」

*1 個
まずは、個別に調べ考えてきたことを共有し合いながら、協働的に学習活動を進めるための課題づくりを進めていきます。

*2 協
各チームで協働的に学習を進めてきていますが、この場面で、1つのチームが直面する問題を取り上げることで、より大きな問題（探究する上での課題設定のポイント）について、より大きく協働的に学び、全員で共有していきます。

*3 協
さらに、課題設定という本時の目標に沿って、思考ツールを変えて整理をしようとする子供たち。本時の当初の取組姿勢とは異なり、明らかにより目的に応じた方法を選択しようとしており、やはり全体での課題設定のポイントの共有が効いていると考えられます。

*4 協
最初はウェビングでつなぎ広げていた子供たちが、ここでロジックツリーを使って整理をしようとし始めます。これは課題設定のポイントについて考えた直前の協働的な学びが、影響を与えたと思われます。

73

地域の歴史・伝統について探究する ～全体の探究から個人探究へ～

授業者 新潟県上越市立大手町小学校　**横澤玲奈** 教諭
（2024年度より上越市立里公小学校勤務）

■ 単元の構想

❶ 単元目標

　地域の伝統的な行事、産業、文化、歴史的建造物などに関わる人へのインタビュー活動を通して、その人の生き方や伝統を守る思いに触れ、学んだことを共有する中で、地域のために貢献することや伝統を守り、引き継ぐことについて考える。そして、これからの自分の生き方、地域との関わり方について考えを構築。つなごうとする人がいなければ、地域の伝統や文化はつながっていかないことを実感し、自分が地域と関わる大切な一員であると自覚することで、地域への愛情や思いをもつ。

〈横澤教諭による作成資料〉

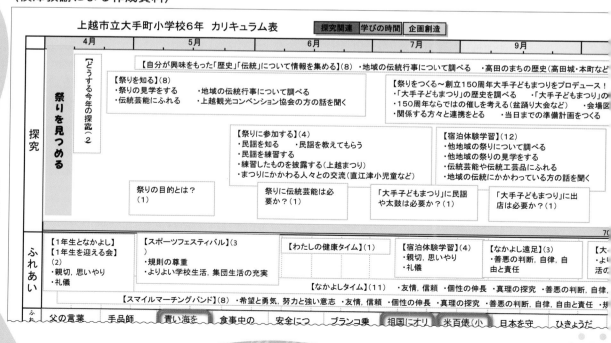

❷ 育成する資質・能力

【知識及び技能】

- 地域の人と関わる中で、相手の感情を汲み取りながら、適切な接し方をする。

【思考力・判断力・表現力等】

- 知りたい情報や、その情報を集める手段を思考ツールで整理しながら学習の計画を立て、見通しをもって取り組む。
- 地域の伝統が人々の努力や工夫によって守られていることに気付き、伝統がつながっていくために必要なことや仕組みを捉える。

【学びに向かう力、人間性等】

- これからの地域への願いや伝統とかかわる自分の在り方を思い描き、地域のために自ら行動を起こそうとする。

❸ 単元構想過程

　上越市の公立学校では、全教科等の単元を1枚の表に整理し、カリキュラム・マネジメントを行っています。その表を示しつつ、横澤教諭は単元の構想過程を次のように話します。

　「本校の探究（総合学習の名称）では年度当初に、子供たちと過去の学びをふり返りながら、今年度のテーマを話し合います。もちろん教師としての事前の構想はありますが、子供たちの思いや願いに沿って進めていくようにしているのです。今年は多くの子供から『歴史や伝統に目を向けたい』という声が多くありました。ただ歴史と言っても広いので、何を視点に探究していくのかを考えたときに、地元の祭りや本校伝統の『大手子どもまつり』などがあり、意見が多かった祭りを入り口にして探究を進めることにしました。

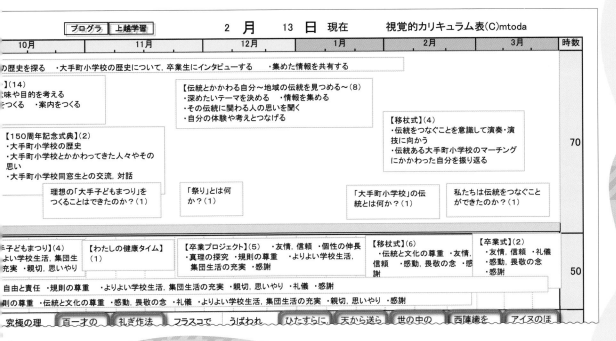

　　事前に私の中では、祭りにフォーカスしたいと思っていましたし、最終的には歴史や伝統につながっていく可能性も考えていたため、子供たちの意見と合体させて進めました。探究の過程で子供たちが当初考えた、歴史や伝統についてじっくり個人探究したいという方向で進んできており、6年の学年団では2か月ごとにふり返りをして、探究の軌道修正をしてきています。そこで微調整をしていますが、特に大きく変わったのは、この個人探究の部分です。

　　当初は2月に行われる、本校伝統のマーチングバンドの移杖式（指揮杖を後輩に渡す）を機に、伝統に関わってきた自分たちが、自分たちの伝統をどうつなぐかということを考えさせたいと思っていたのです。しかし、祭りを中心に上越の歴史に触れながら探究を進めてきたところで、移杖式について考えるのは無理があると思いました。最終的には上越の多様な伝統や歴史について学んできたことを生かして、個人探究をする形にしました」

　　ちなみに、この個人探究にはむずかしさがあることも分かりつつ、あえて選択したと横澤教諭は話します。

「例えば昨年度の3年生の探究では、地域の多様なお店に分散してインタビュー活動を行い、最後に全体で収束させていく構造で、これは比較的行いやすいのです。しかし今年度は、全体でのお祭りの探究からスタートし、多様な地域の伝統と関わりながら、最後に個々に分散していく構造で、内容が分散するため個々の取組を把握するのは正直言って大変です。

　　ただし、最終的には一人一人が地域の伝統に関わっている人の生き方や、その人たちの思いを受け取り、これから自分がどう生きていくか、地域とどう関わるかを考えるにはよいと思って、このような構造にしました」

■単元の流れ（単元修正過程も含む）全60時間

1次 　4～6月

　　子供たちの意見と横澤教諭（及び学年団）の意図が合致する、地元の「祭り」をテーマに探究をスタート。4月末に校外学習で、能生白山神社春季大祭を見学。事前に話し合って、自分たちの知っている祭りとの違いについて疑問をもちながら見学します。会場では奉納される舞楽に取り組むお稚児さんや地域の方の姿に驚き、より深い興味・関心をもちます。

2次 　6～7月

　　地元、高田で7月末に行われる最も大きな祭りである「上越まつり（高田祇園祭）」について、関係者から祭りの発祥などの歴史的な経緯や祭りの全容などの話を聞きます。そこは、祭りの華やかな部分だけでなく、祭り本来の意味を知った子供たちが、高齢化の現状を知り、自分たちも参加して盛り上げたいと話しました。そこで伝統の「民謡流し」の練習を行って参加することにします。さらにその参加に向けた過程で、同市内の直江津祇園祭についても学習していきます。

3次　**7〜9月**

　宿泊体験学習の中で、他地域の伝統的な祭りや伝統工芸などの文化に触れ、自分と祭りの関わりや地域をこえて共通する伝統をつなぐことの意味について、見つめ直します。学習を行うのは、日本三大提灯祭りの1つである「二本松の提灯祭り」が行われる地域です。実際に祭りを見て雰囲気を味わうだけでなく、地域の伝統工芸品の「上川崎和紙」でランプシェードを作る体験も行い、受け継がれてきた技術のすばらしさに触れます。さらに「本町歌舞伎屋台保存会」の方から、途絶えてしまった祭りや祭りで使われていた屋台を再建させた話も聞き、伝統を守ることについて考えます。

4次　**7〜11月**

　伝統の祭りについて学ぶことと並行し、自校の伝統である「大手町子どもまつり」をつくっていきます。6年生として、自分たちがプロデュースする立場から、「来ていただく人に笑顔になってほしい」という思いをもち、「スマイルまつり」と名付けました。「地域活性化」「みんなで楽しみ一致団結」「歴史・伝統を伝える」という目的を設定し、そこに向かってそれぞれが活動を進めていきます。当日は残念ながら雨で体育館の開催になりましたが、6年生がリーダーシップを発揮して、臨機応変な対応を行うことができました。

5次　**12〜3月**　**（後出の授業実践レポートは1月と2月）**

　祭りを中心にしながら、歴史や伝統について学んできたことを生かし、歴史・伝統に関わるテーマで個人探究をしていきます。個々でテーマを設定し、事前に細やかな調査を行った上で、各テーマに沿った専門家にインタビューを実施。これが本時となります。さらに、インタビューと調査をまとめて交流します。この探究を通し、自分が地域の重要な一員であることを自覚し、地域への思いを育むことをねらっています。

個人探究のテーマについてインタビューを行う子供たち。

授業実践レポート▶▶▶

個々の探究テーマなどは異なるが、実は共通部分があることに気付くのがねらい

　これまで、学年・学級で祭りを皮切りに、多様な上越市（高田）の歴史や伝統について探究をしてきた横澤学級の子供たち。年末から年度末にかけて個人探究に入り、個人探究のテーマを設定した後、各自が情報を集め、年が変わった後から個々に（一部、同テーマの子供たちは一緒に）各伝統や行事などに関わる人たちにインタビューを開始していきました。その個人探究のためのインタビュー授業の様子を紹介します。

和菓子屋店での店頭インタビュー

　冬の午前中、高田本町商店街のある和菓子店の店頭に、事前にインタビューを依頼していた１人の子供と付き添いの先生、撮影担当の子供の姿があります。

子供（以下、**C**）１　まず、お店はいつから始められたのですか？

和菓子店の方（以下、**W**）　昭和25年くらいかな。

C１　何年くらい前になりますか？

W　75年くらいかな…。

C１　昔から作られているお菓子は変わらないんですか？

W　結局はお饅頭とか、大福を作っていたと思います。

C１　75年以上前に和菓子屋さんを始められたのはなぜですか？

W　おじいちゃん（先代）は本当は（元々は）警察官だったの。実家は魚屋さんだったんだけど、向かいのお店も魚屋さんだったから商売がたきになってしまうんで、それでおじいちゃんは知っている和菓子屋さんで修行して、それで始めました。

C１　お父さんの時代から和菓子を作り始められたんですか？

W　最初は簡単なお饅頭とか、できる範囲内で始めて、それで２代目の主人が（東京の有名店へ）修行に行って、それでおじいちゃんの後を継ぎました。

C１　最初は何で和菓子屋さんを始められたんでしょうか？

W　さあ、何でだろうね？　おじいちゃんが亡くなっているから分からないけど、主人はおじいちゃんから、「お前も後を継いでくれや」って言われて継ぎましたけど。

C１　おじいちゃんの遺志を継いだっていうことですか？

W　そう、そう、そう。ところが私の息子は継いでいません（笑）。

C１　和菓子が店頭に並んでいるのを見ているんですけど、このマシュマロとかは…。

W　これは大阪の問屋さんから仕入れているんです。うちでは作れません（笑）。

C１　和菓子屋さんですけど、なぜマシュマロとかも置いているんですか？

W　子供連れで買い物に来なさる方に、ちょっと変わった物をね、金平糖とか（マシュマロ

●本文中の「＊数字」は各実践例末尾のコラムをご参照ください。
⑱とは「個別最適な学び」、⑯とは「協働的な学び」を象徴する場面であることを指します。

のような）お菓子を置いておくと、和菓子と一緒に買っていただけますので…。

C1 行事があるとか、季節によって、毎年出す和菓子もあるんでしょうか？

W 行事があるとき、うちは大福が好評なので。主人が奥で小豆から煮たあんこで作っていますし、材料は地元のお店の材料を使っていますから、おかげさまで好評で。

C1 お正月のお供えも見たことあるんですけど、それも毎年やっているんですか？

W お供え？　毎年やってます。今、スーパーでも真空パックのお供えを売っているけど、それでいいって方と、それじゃ嫌だって方もいるので、主人が作っています。

C1 それから、さっき話しておられたんですけど、お店は後継者がいないと…。

W ここの本町通りって、お菓子屋さん8軒もあるの。餅屋さんも、うちと（店名を3店舗）…それだから、うちくらいなくなっても町としては（大丈夫）。各家の味が違うから…お客さんの好みもあるだろうけれど…、でも今、厳しい時代なんで後継者がいません。C1さん、どうぞよかったら。C1さんがお菓子屋さんを始めるならどうぞ。奥の釜とか臼をみんなお貸ししますから、菓子学校へ行ってお店をお作りください（笑）。

C1 考えてみます（笑）。後継について、Wさんはどう考えているんですか？

W う〜ん、商売もむずかしくなっているから…。

C1 この代でやめてもいいかなってお話でしたが、寂しくないですか？[*1]

W う〜ん、継いでくれればいいけど…今、ここって高齢者が多くて、若い人がどれだけ和菓子を食べるかによって違うし、その時代時代によって違うし…昔は婚礼っていうと蒸し菓子をいっぱい作っていたけど、今はケーキに変わってきているでしょ。うちも以前はケーキを作ったりしていたんです。でも主人がもう年だから、今はそこまで手が回りません。朝、お饅頭や大福を作るだけで精一杯で、後継者がいないから…。

C1 これから、お店はどんな感じで続けたいって思われていますか？

W 主人が自分であんこを煮て、ちゃんと提供できればいいけど…。　もう80歳だから、あ

和菓子屋さんの店頭でのインタビューの様子。

と何年できるか分からないけど、できる範囲でやりたいと思っています（笑）。

（最後に、インタビューの協力にお礼を言って、お店を離れるＣ１さん）

祭りというテーマをもつ子供たちの共同インタビュー取材

　和菓子店と同じ総合学習の時間に、横澤学級の隣の空き教室では、地元上越祭り（高田祇園祭）の関係者２名（MIさん＝祭りの御旅所の方、MAさん＝運営事務局長）を招き、祭りをテーマにもつ４名の子供たちがインタビュー取材を始めようとしています。

横澤教諭（以下、**T**）**子供**（以下、**C**）たち　よろしくお願いします。

T　今日は上越祭りの、歴史や伝統などについて、もう少し探究を深めたいというメンバーがここに集まっています。一人一人質問内容を考えていますので、少しかぶっているところもあると思いますが、順番に質問をさせていただきます。

C2　MIさんに質問です。コロナのときに祭りに来る人が減ってしまったときに、どう感じましたか？

MI　コロナのときは、祭りだけじゃなくて商店街にも誰も人がいなくなって、本当に寂しかったです。祇園祭のことはすごく心配でしたね。コロナが何年続くか分からなくて、何もできないまま休止していて、次にコロナから解放されて、また祭りをやるとなったときに、みんなの思いをそこまでつなげていけるか、っていうのは心配でしたね。

C3　お二人に質問ですが、昔の高田祇園祭はどんな感じでしたか。

MA　実は私は直江津生まれの直江津育ちで、（同市内別地区）直江津祇園祭には幼稚園の頃から出ていまして、祇園囃子の太鼓を始めたのは小学校の頃、10歳でした。今、48年連続祇園祭に参加していまして、直江津のことはよく知っていますが、はっきり言って、高田のことはコロナの前の年、2019年令和元年に商工会議所に入って、運営の事務局長になったときに初めて全体を見たんです。

　ですから何とも言えませんが、昔の写真を見る限りでは直江津と同じくらい賑やかだったのではないかと思います。各町内が山車や屋台をもっていて、祭りの７月24日、25日と町中を練り歩いたというのは、記録にも写真にも残っています。そのときの主役は今もそ

取材対象者から、祭りをつないでいってほしいという思いがあふれてくる。

うですが、子供たち。…（中略）…子供たちは「さあ」と、ワクワクドキドキの１週間（高田と直江津の祇園祭全体で）が始まるわけで…。

C3　へえ〜。

「伝統とかかわる自分」単元の流れ（全16時間）探究8時間＋国語8時間

次	時間	○学習活動	□目指す子供の姿	☆教師の手立て
1	1	○ 深めたいテーマを設定する。	□ 地域の伝統的なもの・ことに関心をもち，もっと知りたいという意欲をもつ。 □ 視聴したドキュメント番組の構成を捉え，どのような情報を集めたら分かりやすく伝わるかを考える。	☆ 「直江津祇園祭」のドキュメント番組の動画を視聴し，伝統行事の裏側にある人々の思いに目が向くようにする。
	2	○ 必要な情報や，情報を集める手段，インタビューする相手について，思考ツールを用いて整理する。	□ 知りたい情報や，その情報を集める手段を Jamboard 上のくま手チャートで整理することで，学習の見通しをもつ。	☆ 「自分で調べること」と「人に聞きたいこと」を分類するよう促し，一人一人が自分の学習の計画を立てられるようサポートする。
2	4	○ インターネットや書籍を活用して情報を集める。	□ 自分が選んだもの・ことについての歴史や，かかわっている人など，得た情報をノートや iPad にまとめる。 □ インタビューの計画を立てながら，聞きたいことを明確にする。	☆ 一人一人の進み具合を把握しながら，インタビューの相手の方と日程調整をする。 ☆ 子供と対話する中で，インタビュー内容についてアドバイスをする。
	2	○ インタビュー活動を通して，伝統にかかわる人の思いを聞く。	□ 伝統にかかわる人の思いに着目し，その思いを受け止めようとする。 □ インタビューをしながら，さらに聞きたいことを見付け，積極的に質問する。	☆ インタビューに立ち合い，子供の思考を促すため，必要に応じて追加の質問をする。
	1	○ インタビューして分かったことを学年で共有する。	□ 共有する中で，自分が調べているものと他の人が調べているものを比較し，共通点や相違点を見付ける。	☆ 異なるテーマのメンバーでグループを組むことで，興味や関心をもって互いの話を聞く場とする。
3	4	○ 集めた情報をムービーやスライドにまとめる。	□ 発表資料をつくりながら，地域の伝統とかかわる，これからの自分について，考えを構築する。 □ 伝えたいことがよりよく伝わるよう，発表資料や発表の仕方を工夫する。	☆ 友達と発表し合う時間をつくり，互いの発表についてアドバイスする場を設定する。 ☆ 個々の進み具合・思考の深まり具合を把握する。
	1	○ 探究発表会で発表する。	□ 互いの発表を聞く中で，伝統をつなぐとはどういうことなのか，考えを深める。	☆ 必要に応じて発表のサポートをする。
	1	○ 地域の伝統とかかわる，これからの自分について，考えを作文シートに書く。	□ 自分の体験，調べたこと，伝統とかかわる自分の未来像を関連させて，考えをまとめる。	☆ 地域の伝統に対して自分なりのかかわり方を考えている姿に共感し，価値付ける。

MI　花火は23日の前夜祭だったんですね。

T　先ほど、何年ぶりとおっしゃいましたか？

MA　38年ぶりで、人によっては40年ぶりではないかと言う人もいるのです。しばらくは城址公園でやっていたんですが、規模が大きくなると火の粉がいろんな所に落ちるので、消防の関係で関川のほうに移って、私がちょっと（就職で）東京に行っている間になくなってしまいまして…ですから、事務局のチーフになったときに「絶対にやりたいな」と思っていて、それで去年やっちゃいました（笑）。

MI　当時は祭りというと、地域の芸者さんが華を添えるところが多かったのです。私が高田の祭りを知ったのは、結婚して高田に嫁に来た50年前です。その頃はまだまだ賑やかで、御旅所のある町内、本町2丁目や本町3丁目などの屋台には芸者さんがずらっと並んでおられて、笛太鼓に合わせて舞いながら町内を練り歩かれたんですね。

インタビューを後日、行う予定の子供たちは別室で準備を行っていた。

　それから子供さんの話が出ていましたが、当時は氏子町内というのですが、子供たちはみんな氏子町内ごとに全員、提灯を持って行列して御旅所に来て、お参りして帰っていったのです…（中略）…しかし子供の数が減ったことによって、子供神輿も出せるか出せないかという状況です。それはどこの町内も多分同じ傾向にあって、各町内に任せておくとみんななくなってしまうのではないかと、私はすごく心配しています。心配ばかりですが、皆さんにぜひ考えてほしいなと思います。

T　私は親世代で、子供がこの子たちと同じ年で、子供会を運営する側だったりするのですが、コロナを経てどんどん行事も削減されて、でもその行事の裏側に意味があったりするんですね。子供たちが集まることで地域のつながりができたりして…。 ＊2

MI　この前（のインタビュー来校時に）同じような話をしている人がいましたよね。祭りはなぜするかということで、地域の人が交流して心を通わせられるということが祭りの意味として大事なことだ、という意見が子供さんのほうから出たことはとても嬉しかったのです。（行事の準備などは）大変ではあるけれども、町の人が一緒に仕事をすることで仲良くなって、信頼が生まれるというのは大事なことだと思います。

T　みんなも民謡流しに参加させてもらって、そのときに踊りながら御旅所にもお参りしたよね。以前は御旅所も知らなかったけど。

C　（うなずく子供たち）

MI　大人も知らない人はいっぱいいるんですよ（笑）。ですから、まず祭りの根本的な意味を知っていただかないとね。

C　（うなずく子供たち）

C4 MAさんに質問です。祭りを企画する上で大事にしていることは何ですか？

MA みなさんの「やりたい」って気持ちです（笑）。皆さんの熱ですかね。特に若い世代、子供たちの「これをやりたい」「やってみたい」という声です。

とにかく大事にしたいことは皆さんの思いと、大事な伝統は守っていくことです。ですから、変えていいところは変えて…（中略）…より楽しい、思い出に残る祭りにしていきたいですね。

MI それと…（中略）…特に子供の太鼓は各町内に任せていると衰退し、先が見えているので、ぜひ校区に高田城があり、御旅所のある大手町小学校の皆さんに、学校として何とか太鼓を守っていってもらえないかと思っているんです。

C5 MAさんに質問ですが、上越まつりで一番苦労することは何ですか。

（さらに2回目、3回目と質問し、子供たちは、40分ほどにわたって、上越祇園祭に関わる人たちの熱い思いを聞き取っていきます。このようなインタビューの間、隣の教室では、取材前の子供たちがインタビューに向け、事前調査や準備を行っていました）

情報収集後の情報を交換していく授業

このようなインタビューや情報収集・分析を続け、3週間近い活動を経て情報を十分に集めた後、今度はその情報を交換していく授業を行う横澤教諭。

T 先週までがインタビューの期間でした。今週はそれを共有する期間です。全部で19個、探究のテーマがありますので、全員が語っていると非常に時間がかかってしまいますので、エンタくん（円卓会議）でいろいろな人が混ざって、自分が聞いてきた情報を交換してもらいたいと思います。

歴史や物の内容はある程度は調べても分かることなので、インタビューしたからこそ分かったことを話してください。その人のどんな熱意が感じられたかとか、それはどんな発言から感じ取れたのかといったことを話してもらいたいと思います。

（ここから、それぞれ指定された円卓に移動したあと、まず円卓に貼られた丸い模造紙に、10分で伝えたい内容を整理してから順番に伝え合っていきます）

C6 私はどんど焼きについて調べたんですけど、私の地域でやっている人に「なぜ続けるのか」というインタビューをしたときに、「やらないわけにはいかない」と話していて、そのときに、自分の地域の行事を大切にしているなということを感じました。

C7 どんど焼きって、何？

C6 塞の神(さえのかみ)。

C8 どんど焼きって、食べ物？

C6 違うよ。どんど焼きは、わらを山みたいに積んで、書き初めとかお正月の飾りを燃やして、無病息災を願ったりするの。

C9 ああ、あれか。お餅とかも焼いて食べたりする。

C10 自分は以前、直江津に住んでいて、あそこでは「まじょ焼き」って言うけど…。何かかかしのようなものを作って地面に刺して、周りに燃える物を置いて、あとは書き初めとか飾りを置いて燃やして、そこでマシュマロとかを焼いて、歌いながら無病息災を願っている。悪霊退散ということで燃やして、まじょを焼いて倒す…。

C11 自分は和菓子を調べて、A店に行きました。和菓子の可能性とかについて調べたん

だけど…Ａ店の名物の練り切りは、あんこでいろんな形の物を作っているんだけど、季節ごとにコンセプトが違っていて、例えば、春だったら桜の和菓子があり、夏だったら蓮があって、秋だったら紅葉や柿もあってというように…コンセプトが違っていて、「その練り切りを見て、季節を感じてほしい。同時に練り切りのおいしさも知ってほしい」と言っていて、そこがいいな、すてきだなと思った。そのコンセプトを考えるために、いつも情報収集に行って、常にアンテナを張っているという話。

T　じゃあ、いつも同じことをしているわけではないんだ。

C11　まあ、同じ物を出していることもあるけど、少し工夫をしたりしている。分かりやすい例だと、コロナが出始めたときに暗い雰囲気になって、そのときアマビエっていう妖怪、悪霊や疫病退散の神様とも言われたりする妖怪がニュースに出て、Ａ店の人が「じゃあ、これを食べて無病息災で過ごせるように」と考えて作ったら大繁盛したと言っていて、そんなふうに季節を感じられると同時に、社会を盛り上げ、彩る感じ。

C9　私も３年生の頃にＡ店に行って、C11さんと同じような話を聞いたよ。

C11　そういう、社会を盛り上げるという面でも和菓子っていいなって感じた。

C12　私は上越の米作りについて調べたんだけど、年中無休で休みもなく作業をしていて、一番すごいなって思ったのは、家庭用の草刈機、丸い刃の付いたやつで、すごく広い田んぼのすべての雑草を自分たちの手で切っているということがすごいと思って。
「何で、そんな大変な思いをしてまでお米を作るんですか？」って聞いたら、「ていねいにお米を作りたいから、そのためにがんばっているんだ」って話していた。

C11　その農家さんは、農薬とかは使っていないの？

テーブルを囲み、互いがインタビューしてきたことを伝え合う子供たち。

C12　ああ…使っていると言えば（一部）使っていて。

C10　大体の農家が使うよ。

C12　使わないとできないところもあって、ドローンとか使ってやっている。

C13　私は高田城について調べて、最初、高田城の魅力は何か大まかに聞いたんだけど…（中略）…高田城には桜の時期以外、人がほとんど来なくて、これからは桜だけじゃなくて、城としてもっと有名になってほしいと思いました。

　（このように、各自がインタビューを通して知ったこと、印象深く感じたことを伝え、それに対して自由に意見を出し合うブレインストーミング形式で、授業は進んでいきました。自分の最も印象的な学びを伝えるために、いったん自分の考えを整理するとともに、友達からの自由な意見や質問を受けることで、新たな情報や視点などを得て、さらに探究を深めていくための契機となっていました）

交流による気付きが、今後の生き方などにつながっていく

　インタビューの授業後、横澤先生に、祭りの共同インタビューについて聞いてみました。すると横澤教諭は次のように話してくれました。

「緊張もあったとは思いますが、質問の調整の仕方が妥当ではなかったかなと自省しています。ゲストティーチャーの方の時間も限られていたので、質問内容が重なっていたものを『整理してスムーズに質問が進むようにしていこう』と話していたのです。そのため、質問内容が完全に自分のものではないという意識があったようで、質問に対し、さらに突っ込んで質問をしていくというような、１対１の生の対話の雰囲気になりきっていなかったように思います。

　次週は上越観光コンベンション協会というまた別の方たちが、学校に来てくださるのですが、そのときにはまた少し質問の仕方を修正しておこうと思っています」

　確かに、最初に和菓子屋さんでインタビューをした子も、最初は緊張している様子でしたが、次第に対象者の感情も含め、深く対話を進めていた様子でしたから、自省通りの複数でのインタビューというむずかしさはあるのかもしれません。

　次に、後日の授業について横澤教諭にその意図や成果を聞きました。

「この探究ではテーマが19個と多岐にわたっており、この授業場面までは個々で調べ、インタビューを行って深めてきています。その多様なテーマについて初めて紹介していくのが、この授業です。端的に言えば、他のテーマの話を聞いて、自分のテーマとの共通点を見付けたり、他の分析の視点などを得たりするのがこの授業のねらいです。

　まずは、これまで個々に探究してきたテーマや内容は異なるものの、実は伝統を守っていく上で共通している部分に気付くということが、最も大きなねらいです。例えば、（別の場で）高田城の櫓（やぐら）について聞いてきた子が、他の子供の話を聞き、『○○さんも同じようなことを言っていた』と口にしていたのですが、伝統を守るために人々がしている工夫は、分野が違っていても共通する部分があるという気付きが重要なのです。

　もう一つは、他のテーマを探究してきた人の話を聞くことで、こんな考え方もあるのか、こんな視点もあるのかと気付き、さらに深めようと考えるようにしたいわけです。

　ちなみにこの授業の後、学年全体で交流した場面で、インタビューした方の口から、異口同音に『若い世代にアプローチしていかなければいけない』という話が共通して出ていたことが話に出ました。この意見の『若い世代って誰？』と言ったら、『自分たちもそうだ』という話になっていきました。こうした交流による気付きが、最終的には、自分の今後の生き方や伝統への関わり方につながっていくだろうと思っています」

★1 個 協
　個別のテーマに沿って、インタビューを深めていく場面。当初は用意した質問事項を質問することに意識が行っているが、次第に対象者の気持ちに共感し、感情について質問を投げかけている。これもまた協働的な学びと言えるのではないだろうか？

★2 個 協
　インタビューする子供たち一人一人が、それぞれの個別の質問事項をもちつつ、共同で質問していくため、互いが互いに遠慮して口が重くなってしまっている場面。子供たちの気持ちを開いて、協働的な対話にもち込ませたいという意図をもって、横澤教諭が意図的に何度か質問を投げている。

「生活・総合」教師の悩みにお答えします!

「生活・総合」を構想し、指導するにあたり、先生方の悩み、戸惑いはまだまだ尽きません。そこで現場の先生方から、「生活・総合」に関して、日頃抱えている具体的な疑問・質問を集め、一つ一つに田村学先生から的確なアドバイスをいただきました。

Q 学校が教育目標を踏まえて育成を目指す資質・能力を設定し、総合学習の単元や授業に落とし込むために、押さえておくべきポイントを教えてください。

A 資質・能力を育むためには、より具体的な子供の姿を具体的に描く

　大きくはカリキュラム・マネジメント(以下、カリマネ)に関わるご質問ですが、最大のポイントとなるのは、学校教育目標から学校のグランドデザイン、資質・能力、単元配列表(年間学習指導計画)、単元、授業と縦に落とし込んでいくことだと思います。加えて、各学年の教科等の内容を横に見て、より重点的な単元や教科横断的な単元の関連付けを考えていくことも、カリマネとして重要です(別質問でp91に回答)。

　これらについては、学習指導要領総則第2の2の(1)が縦のつながりに関する内容、(2)が横のつながりに関する内容になっています(右ページの資料参照)。

　では、ご質問の縦のカリマネについて説明していくことにしましょう。まず学校教育目標は一般的に、「知、徳、体」で示されていることが多いため、そのままでは、資質・能力によって整理されている各教科等の授業に落とし込むことは困難です。ですから最大のポイントは、学校教育目標の「知、徳、体」を再構成し直して、資質・能力の3つの柱で、より短期的な目標として描くということです。長期目標である学校教育目標を、短期目標である資質・能力の3つの柱で描き直すことができれば、授業に落とし込むことが可能になります。

　具体的な方法としては、「知、徳、体」の3つと、学習指導要領が目指す資質・能力の3つの柱でマトリックス表を作り、3×3の9個のセルを埋めるようにしていけば、各学校で目指す、直近数年の短期目標としての資質・能力が描けるということです。

　例えば、「誰とでも関われる賢い子」という項目が学校教育目標にあるとします。それが子供の実態に沿って、「言語を使った説明の根拠があいまいだから、誰にでも伝わるような論理的説明ができるようにしたい」と考えたものであれば、資質・能力としては「根拠を明確にし、論理的に説明すること」(思考力、判断力、表現力等)となるのかもしれません。あるいは、「人と関わる経験が少ないので、自ら多様な人と協働的に学習できるようにしたい」のであれば、「多様な人と協働して学習すること」(学びに向かう力、人間性等)となるなど考えながら、学校教育目標を資質・能力の短期的な目標に落とし込んでいくわけです。

縦のカリマネと横のカリマネを理解し、考えておく

　このようにして、抽象度の高い３つの資質・能力に落とし込まれた短期目標は、その学校の重点目標ということができます。ですから、それらの資質・能力を踏まえながら、年間の学習指導計画を作成するときに、どの単元で育むかを考えていくわけです。

　これはもちろん総合学習に限った話ではありません。先の「根拠を明確にし、論理的に説明すること」であれば、「国語のこの単元で育めそうだ」と考えながら、重点単元を明確にしていくことになるでしょう。さらに、「その力は国語のこの単元で育んだ後、総合学習のこの単元の最後に、保護者・地域に向けた発表会を行うことで発揮するようにしよう」となるかもしれません。このように考えながら、学校で定めた資質・能力と重点単元と関連単元の関係を明確にしていくわけです。

　担任の先生としては、そのような縦のカリマネと横のカリマネを理解し、考えておくことができれば、十分にオリジナリティのあるカリキュラムづくりが可能ではないかと思います。

　さらに、各単元を実施して資質・能力を育んでいくためには、それを抽象度の高い「資質・能力」から、より具体的な子供の姿（＝その単元を通して、求める力が育まれた子供の姿）として、より具体的に描くことが必要です[※]。

【資料】学習指導要領総則　第2教育課程の編成より抜粋

> **2　教科等横断的な視点に立った資質・能力の育成**
> (1)　各学校においては、児童の発達の段階を考慮し、言語能力、情報活用能力（情報モラルを含む。）、問題発見・解決能力等の学習の基盤となる資質・能力を育成していくことができるよう、各教科等の特質を生かし、教科等横断的な視点から教育課程の編成を図るものとする。
> (2)　各学校においては、児童や学校、地域の実態及び児童の発達の段階を考慮し、豊かな人生の実現や災害等を乗り越えて次代の社会を形成することに向けた現代的な諸課題に対応して求められる資質・能力を、教科等横断的な視点で育成していくことができるよう、各学校の特色を生かした教育課程の編成を図るものとする。

※縦と横のカリマネについては「『縦と横』で考えるカリキュラム・デザイン」（文溪堂）を、単元づくりについては「『ゴール→導入→展開』で考える『単元づくり・授業づくり』」（小学館）を参照のこと。

Q 本校では修学旅行のような学校行事を、全時間、総合的な学習の時間に読み替えていますが、これは大丈夫なのでしょうか？

A 読み替え可能なのは、探究になっていて「同等の成果が期待される場合」

　修学旅行などの学校行事を総合学習として読み替えることは、少なからず起きているのが現実だと思います。しかし、結論から言えば、全時間を総合学習と読み替えるのは問題があります。ちなみにこの点については、学習指導要領総則第2の3の(2)のエに、総合的な学習の時間と特別活動の関係について明示されています。

　ここで押さえるべきことは、「総合的な学習の時間における学習活動により」と宣言されていることで、大前提は総合学習であり、探究になっていなければならないのです。つまり特別活動での学校行事を、すべて総合学習にカウントしてよいわけではありません。読み替えが可能になるのは、探究になっていて「同等の成果が期待される場合」なのです。

　例えば職場体験のような行事も、ただ体験しただけではなく、前後で自分が働くということを探究していくような学びが行われているときに、その真ん中にある職場体験活動を特別活動の行事ではなく、総合学習に読み替えることが可能になります。

　質問のあった修学旅行で言えば、連続する探究の一部になっているときに、修学旅行のうちの一定程度の時間を、総合学習と関係付けて考えられるということです。例えば、2泊3日の修学旅行で1日6時間の活動があるとすれば、3日間で18時間の活動があると考えられます。そのときに、探究に位置付けられるような活動をすべての時間で行うことはありえないでしょう。観光する時間も、観劇している時間もあるかもしれません。そう考えていくと、現実的には3日のうちの真ん中の1日くらいが、探究的な学習活動になるというのが実態と考えられ、6時間程度が総合学習になっているというイメージです。

　そのように行事を総合学習としてカウントするには、その前後がどうなっているかが重要です。事前に、修学旅行先での探究に向かうようなアプローチがあり、帰ってきた後にどのような学習活動があるかを考え、一連の探究として整えることが重要です。修学旅行は、子供たちが日頃通っている学校とは決定的に異なる、非日常があるからこそ行く価値があるわけで、そのような前後の工夫を行うことによって、より効果的な学びにしたいものです。

ちなみに修学旅行については、旧来型の物見遊山のような活動ではなく、学びのある時間にしようという流れになってきており、近年、旅行会社や自治体の観光課などが探究のテキストを作成してきています。修学旅行のような行事は事前に行き先や日程が決まっている場合も少なくないからこそ、そのような資料も活用しながら、より効果的な探究として生かしていくことが現実的ではないでしょうか。

Q 初めて低学年を担任し、生活科の授業をすることになりました。生活科と幼児教育や総合学習との接続上、配慮すべきことについて、教えてください。

A 幼児期の遊びに、生活科では「言葉」や「表現」が入ってくる

　生活科も総合学習も幼児教育も、基本的には探究するという言葉でくくることができます。ですが、生活科における探究は「思いや願いを実現する」という水準で、総合学習における探究は「問題解決が連続的に発展していく」ということで質が違います。イメージとしては、生活科では楽しいことが優先されるのが大事で、「楽しくなければ生活科ではない」という感じです。それに対して、総合学習は子供たちが「本気で真剣にならなければ総合学習ではない」というイメージをもっておくと違いが出てくるかと思います。

　ですから楽しい生活科においては、基盤になるのは活動、体験です。「町たんけんに行く」とか「おもちゃを作る」という楽しい活動の優先順位が高くなります。ですから、生活科ではとにかく豊かな体験を十分に行うということに最優先で取り組むとよいでしょう。

　しかし、体験だけだと学びになりにくいので、それを自覚したり共有したりするための表現が必要になります。表現も文字を使うと共有しやすいのですが、発達の問題もありますので、絵や図、歌や身体での表現など、言語以外にも多様に用意してあげるとよいと思います。体験と表現が行きつ戻りつ相互作用する、というイメージで単元づくりをしましょう。

　それに対し、総合学習は「探究のプロセス」を繰り返しながら、最終的には子供が意図的・自覚的に探究のプロセスを運用し、自律的に問題解決や探究を再現できるようになることを目指していきます。つまり、生活科では自立的に没頭して体験し、その体験について表現を通して共有することが大事ですが、総合学習では、探究のプロセスや方法を自ら運用できるくらい自律的になっていってほしいということです。この生活科の自立と総合学習の自律は、学習指導要領の解説で意図的に使い分けてありますので、その意図を汲み取りながら、今の話を理解していただければ、それほどむずかしいことではないかなと思います。

　幼児期には遊びという、おそらく最大級に楽しい探求があり、活動や体験に最大のウェイトをかければよいわけですが、生活科との相違点は、そこに「言葉」や「表現」が入ってくるということです。それによって自覚したり、自己認識したり、他者と共有したりすることが生まれやすくなるので、それによって、学びが深まったり広がったりする可能性が高まります。そのため幼児期には、体験にかける時間が潤沢にあるのですが、小学校ではそれだけをやるのではなく、そこに言葉や表現が入ってくるわけです。

Q 本校では毎年、総合学習で学年ごとに取り組むテーマがほぼ変わりません。子供が主体的に学ぶためには毎年、テーマを変えたほうがよいと思うのですが……

A 探究課題などが継続されているほうが、単元づくりや授業づくりが安定する

　毎年クラスごとに扱うテーマを変えていくことが理想だと考えておられるかもしれませんが、学年ごとに扱う題材を捉え、探究課題を学校全体で決めることは大切なことです。むしろそのほうが総合学習の実践に慣れていない担任の先生方にとっては、単元づくりや授業づくりが安定するだろうと思います。

　もちろん学校は資質・能力は決めるものの、テーマや探究課題は担任（あるいは学年集団）に任せて、毎年変えるという選択肢もあります。しかし、担任の先生が探究課題を決める場合には、学校として定めた資質・能力を大前提としながら、先生の個性、子供たちの特性、年度の特徴（例えばオリンピック開催年など）も踏まえ、合致する探究課題などを設定することが必要になります。それは、かなり難易度の高いことです。

　先進校などで子供たちが経験を積んでいて、学校の風土や雰囲気・校内研修などのサポート体制もでき上がっていれば、年度当初から子供たちが「今年は何を探究しよう」と期待していることがあります。そして「去年は〜をしたよね」「今年はこんな力を付けたいね」「じゃあ、何をしよう？」と話し始めるようであれば、毎年ゼロベースで始めても、資質・能力が育成できる可能性は高まるでしょう。しかし難易度が高く、どの学校にとっても理想的とは言えないということになります。

　学校における探究課題やテーマとして何がふさわしいかについては、子供の実態、学校や地域の特色、先生や学年集団のもつ知見などを考慮して考えていくことになります。その中で特に重要なのは、子供と地域（学校の立地）です。子供については発達段階の傾向になるでしょうから、結果的に学校の立地が最大のポイントになります。例えば、海が近いとか、有名な観光地があって外国人観光客がたくさん来るとか、自治体が環境問題に力を入れているといったことが、とても大きいのです。その地域の特性は毎年そう大きくは変わらないからこそ、課題も無理に変える必要はないわけです。

　また、異なる地域の同学年の子供が、仮に「米」を課題

として探究するとしても、実際に行う活動は地域ごとに多様に考えられると思います。例えば、私の出身地・新潟であれば、近くに水田が広がっていますから、農家の人の話を聞いたほうがもちろんよいでしょう。しかし東京であれば、近くのパン屋さんで米粉を使った商品開発をしているとか、近くに米流通の大手業者があるといったことが対象になるかもしれません。「お米なら、バケツで米を作ることになる」「毎年これで大丈夫？」と考えるのは、発想が固定化してしまっていると思います。それぞれの立地や状況に応じて考えていくことが可能ですから、各学校の立地や地域の特性を踏まえて、課題やテーマを学年ごとに決めておいたほうが、多くの先生方にとっても取り組みやすいと思います。

Q 総合学習と他教科のカリキュラム・マネジメントはどのように進めるべきでしょうか？

A 教科から総合に生かす方向と、総合から教科に生かす2方向を考える

　教科等横断的な視点に関する質問ですが、学習指導要領総則第2の2の(2)にそれが示されています。学校教育目標を資質・能力に落とし込み、単元や授業に反映する縦のカリキュラム・マネジメント（以下、カリマネ）についてはp86で説明しました。この質問は、1学年の中における教科等横断の話であり、横のカリマネということになります。この縦横がうまくできれば、カリキュラムはうまく編み込まれることになります。

　では横のカリマネはどうすればよいかということですが、教科から生活科や総合学習に生かす方向と、生活科・総合学習から教科に生かす方向の2方向を考えます。もう一方で資質・能力と学習対象とを考えて、4象限のマトリックスで考えてみるのです。そうすると、どちらの方向で生かすときに、資質・能力と学習対象のどちらを関係付けていけばよいかが明確になります。

　まず一つ、教科で育んだ力が総合学習などで活用・発揮される関係付けが考えられます。

　例えば、国語で学んだ「相手に分かりやすく説明すること」が、総合学習でも実際に発揮されれば、国語の資質・能力もより確かなものになるし、総合学習の学びも充実するというのが活用・発揮です。

　もう一つ、総合学習などで扱った学習対象が、教科学習で利用・促進される関連付けもあります。

　例えば、総合学習で米作りについて探究すると、子供たちは米作りに関する知識を多様にもち、関心も高いでしょうし、積極的に関わろうとする状態になるでしょう。そのような子供たちが、5年生の社会科で農業生産について学習すると当然、米作りをしている子供たちは、していない子供たちよりも農業生産の学習に対するモチベーションも高いし、情報量も多いので、学習の質が高まる可能性が出てきます。これは総合学習の学習対象を利用することで、教科の学習が促進されるため、利用・促進と整理しています。

　このように、教科学習で育まれた資質・能力を生活科や総合学習で活用・発揮する関係付けと、生活科や総合学習の学習対象を教科へ利用・促進する関係付けで整理すれば、どの単元をいつ行うのがより適切かが明確になると思います。

Q 探究のサイクルをうまく回していくことができません。情報の収集〜まとめ・表現まで１サイクルを回すと終わってしまいます。何を改善すればよいでしょうか？

A 子供たちの課題の質が上がっていくときに
意識するのは「違和感」と「憧れ」

　探究とは、本質的な問いを明らかにしていく行為であり、探究の学習過程では、１つ目のサイクルから２つ目のサイクル、２つ目のサイクルから３つ目のサイクルへと課題が更新され、質が向上していくことが大事です。この課題の質が上がっていくときに意識することとして、私がずっと説明してきたのは「違和感」と「憧れ」を大事にしよう、ということです。目の前で起きている現象に対する、「何か嫌な感じだな」というような「違和感」と、「もっとこんなふうになりたいな」という「憧れ」、つまりエモーショナルなものを大事にすることによって、子供たちの更なる問いが生まれてくるだろうということです。

　もし目の前の子供たちが自律的で、探究を何度も経験している子供たちであれば、１つのサイクルが終わったときに、そこで立ち止まることなく、「これってどういうことなんだろう」というように、新たな問いが出てくる可能性があります。しかし現実には、そのようなクラスは少数派でしょう。経験則から言えば、課題を設定し、情報を収集して、分析して、まとめて表現したり発表したりすれば、子供たちは「学習が完結した」という感覚をもつものです。それは、教科学習の場面で、そういう経験を数多く積んできているからで、子供たちは自分たちがまとめて整理すると、ゴールとして安定した感じをもちやすいわけです。

　しかしここで、別の地域では異なる状況が生じているとか、専門家の視点から見ると…といった新たな情報が差し込まれることによって、安定しているように見えていたものが、実は非常に不安定なものだと感じ、揺らぎ始めます。ただしそれは、放っておくだけでは生まれにくいため、教師の指導性が必要です。異なる視点のデータを示す、異なる地域に出かけてみる、専門家からのコメントをもらうなど、教師の指導性が発揮されることで、子供たちの中では安定しかけていたものの不安定さが見え、新たな課題が生まれてきます。

　簡単に言えば、「違和感」と「憧れ」と言いましたが、それは目の前で安定していると思っていたものの問題状況や更なる高みに気付くかどうかということです。その契機となるのがデータなのか、他者のコメントなのか、自らの体感なのかは内容や状況によって異なると思いますが、いずれにせよ、「これでよし！」と思っていたものが「あれっ？」「ちょっと待てよ？」と思うかどうかということです。そういう状況が生まれるような、教師の指導性が発揮されれば、新たな問い、課題が生まれてくることでしょう。

　この場面には教師の巧みさが必要で、それだけに探究の経験が少ない先生には見えにくいかもしれません。新たな問題状況は、子供たちが自ら発見したかのごとくあるほうがよりよいし、新たな課題を自ら決定したかのごとくに進んでいくほうがより望ましいわけです。巧みな先生はそこを工夫しているからこそ、教師の指導性が見えにくいわけです。そうしたことを意識しながら、巧みな先生の授業を見ていると、気付かされるヒントがたくさんあるのではないでしょうか。

Q 現在初任者で、総合学習は学年主任の先生にお任せですが、この先、自分が学年主任になったりしたときのため、基本的な単元づくりの骨子を簡単に教えてください。

A 育むべき資質・能力を考えつつ単元を構成し、子供のゴールの姿を明確に描く

①学校教育目標を資質・能力に落とし込む

　まずは、各学校が学習指導要領の目標を踏まえ、学校教育目標に沿って総合学習の目標を定めることが必要です。それは学校として定めるべきことですが、基本的な考え方は、p86の学校教育目標を資質・能力に読み替える方法を参考にしてください。

②育むべき資質・能力を考えながら単元を構成する

　学校教育目標を基に設定した資質・能力の中から、どの資質・能力を重点的に育んでいくかといったことを考えながら、各単元で探究するために適切なテーマを考えていきます。これについては、p90も参考にしながら考えてみてください。

③資質・能力が育まれた子供の姿を具体的に描く

　各単元をデザインしていくときには、学習活動を通して資質・能力が育まれた子供の姿（ゴール）を、より具体的かつ明確に描くことが必要です。資質・能力は抽象度の高いものなので、学習過程の子供の姿を見とり、形成的に評価する上で、より適切な子供の姿を具体的かつ明確に描きます。

④ゴールの姿に向かうための導入・活動を考える

　ゴールとして描いた姿に変わっていくために、子供たちはどのような学習対象とどのように出合えば、そこに向かうような問いや課題が生まれるのか、またどのような活動があれば、そのような姿に変わっていくのか、導入の活動を考えていくことになります。育むべき資質・能力（≒ゴールとなる子供の姿）にとって、より適切な学習課題や学習活動を考えていくわけです。これらの単元デザインの過程は、一方通行で進んでいくものではなく、子供の実態も踏まえながら、行きつ戻りつし、見直しを図っていくことが大切です。

Q 「個別最適な学び」と「協働的な学び」は相反する言葉にも見えますが、総合学習において、この一体的な充実は、どう実現すればよいでしょうか？

A 個別と協働が相互に関わり合い、行きつ戻りつしながら授業を行う

「個別最適な学び」は、一人一人にとって最も期待される学びがそれぞれに実現することで、「協働的な学び」は、多様な子供たちが一緒に学ぶことで豊かな学びが生まれることです。これらは別々のものではなく、実は一体として存在していると思います。

確かに状況を見れば、一人一人で学んでいる場面とみんなで学んでいる場面はあります。一人一人で学んでいると、個別で学んでいることが際立ちます。ただし個別に学んでいるだけでは、最適な学びかどうかは分かりません。一人一人で学んでいて、なおかつ方法も対象もグレードも最適なマッチングであることが望ましいのだと思います。

一人一人で学んでいるとき、オンライン学習ならずっと一人でいることもあると思いますが、学校のような場所で学べば、一人一人で学んでいても偶発的、突発的に協働的に学ぶことが起こります。一人で真剣に自分の考えを整理していたら、みんなはどう考えているのか気になって、周囲の子に声をかけて話をし始めるというのは、よく見られる姿だと思います。そのように一人一人で学んでいても、協働的な学びも生じ得るわけです。

みんなで学んでいるときは協働がクローズアップされるし、集団性や多様性や違いが生かされる学びが起きます。多様な意見があるから議論の質が上がるとか、多様な考えが出てくるから発想が転換するということがあり、非常に意味があります。しかし、協働で学ぶからこそ、クラスの仲間の真剣な姿に影響を受け、1人で真剣に学びに向かえるということもあります。ですから一見すると、協働的な学びだと見えますが、この場面にも個別の学びはあり得るし、集団の力によって最適な学びになっていく可能性があるわけです。

ですから、一人一人で個別に学ぶことやみんなで協働的に学ぶことが、それぞれ際立って見えることはありますが、この両者は一体的に生まれる学びなのだと思います。

このような個別と協働には、それぞれの強みと弱みがあります。一人一人で学ぶときは個が際立つため、自分で選ぶとか自分で決めるということは自然に生まれやすいのですが、違いがあったり、異なるアイデアがあったりすることはないわけです。一方でみんなで学ぶときは、協働が際立つため、例えばテーマや方法の選択はないかもしれないけれども、多様性があり、仲間がいるから前向きに取り組めるかもしれません。

そのように個別の学びにも協働な学びにもメリットとデメリットがあるため、それが相互に関わり合い、行きつ戻りつしながら行われていれば、トータルとしてバランスが取れた学びになると思います。昔の授業はひょっとすると、協働の学び一辺倒であったかもしれず、そうなると近年、個別が強調されるようになってきたのは、バランスを取るという意味ではよいのかもしれません。

以前の授業では、学び方を決定する権限が教師の側にありましたが、次第に子供に委譲され、自分で学び方を選択するようになってきています。ただし、子供はまだ学習者として十

分に自律的であるとは言えませんから、一人一人で取り組んだほうがよい場面か、みんなで取り組むほうがよい場面かを教師が学びの状況を判断し、一定程度介入することも必要です。そのとき、子供たちに権限を委譲し、尊重しながら、教師が適切に関わり、個別最適な学びと協働的な学びを滑らかに行きつ戻りつするような、柔軟性があることが求められると思います。

　ここで１点、注意しておかなければいけないのは、個別最適な学びとGIGAスクールや１人１台端末がパックになって伝わると、個別最適という言葉が、どうしても端末を持って一人一人が学ぶというイメージにつながってしまうということです。個別と協働を滑らかに行きつ戻りつすることや、より子供主体に選択できるということにはつながらずに、そのイメージが、子供がただ端末を持たされて個別に学習活動をしているように見えるだけで、実は一人一人に確かな学びが実現できていない状況になってしまっていては意味がありません。

　やはり端末を使って、個々に分かれて行うような授業では、本当に学びが成立しているのかどうかを、ていねいに見とれる人がいないと、その学びの質、授業の質は上がっていかないような気がします。先生が一方的に授業をして、何割かの子供は話が理解できずに学びから逃走する状況よりも、全員が端末を持って個々にやっているほうが、「何だか活発でいいよね」というような表層的なイメージで語っている例も少なくないような気がします。それは気を付けなければなりません。

　結局、端末を使っても使わなくても、学びの本質は変わらず、子供たちが学習に向かうための目的や課題や見通しをもって学びが始まれば、その後の学習は個別であっても、協働であっても、一人一人が自律的に学びを進めていくのだと思います。

プロフィール

監修／田村 学 （たむら・まなぶ）

文部科学省初等中等教育局主任視学官。1962年、新潟県生まれ。新潟県の小学校教諭、指導主事などを経て、文部科学省教科調査官（生活科・総合的な学習の時間）を務める。2015年より同省視学官となり、現行学習指導要領の改訂に尽力。その後、國學院大學教授を経て現職。

執筆／矢ノ浦勝之 （やのうら・かつゆき）

1964年、山口県生まれ。教育ジャーナリスト。月刊誌「総合教育技術」（小学館刊）においてライターを務め、全国の小・中学校約800校を取材。東京学芸大学卒業。小学校（全科）、中学校・高等学校（国語）教員免許保有。

子供の「個別最適&協働的な学び」を実現する！

令和の「生活・総合」授業実践レポート

2024年 5月20日　　初版第1刷発行

発行人　北川吉隆

発行所　株式会社 小学館

〒101-8001　東京都千代田区一ツ橋2-3-1
電話　編集 03-3230-5540
　　　販売 03-5281-3555

印刷所　TOPPAN 株式会社

製本所　株式会社 若林製本工場

©小学館　2024 Printed in Japan　ISBN978-4-09-840239-7

※造本には十分注意しておりますが、印刷、製本など製造上の不備がございましたら、「制作局コールセンター」（フリーダイヤル 0120-336-340）にご連絡ください。（電話受付は、土・日・祝休日を除く 9:30〜17:30）
※本書の無断での複写（コピー）、上演、放送等の二次利用、翻案等は、著作権法上の例外を除き禁じられています。
※本書の電子データ化などの無断複製は著作権法上の例外を除き禁じられています。代行業者等の第三者による本書の電子的複製も認められておりません。

■デザイン：永井俊彦
■イラスト：畠山きょうこ
■DTP制作：LUM Design
■編集協力：塚本英司（小学館インクリオ）
■編集担当：山本春秋